일 잘하는 사람의 말은
이렇게 시작합니다

일 잘하는
사람의 말은
이렇게
시작합니다

성공의
주도권을 잡는
12가지
대화의 법칙

아다치 유야 지음 | 황국영 옮김

RHK
알에이치코리아

22년도 더 된 일입니다. 세계 최대 규모의 회계사무소 딜로이트 산하 컨설팅 회사에 입사한 지 8개월이 되던 날, 고객사 사장님께 이런 말을 들었습니다.

"아다치 씨, 괜찮은 거 맞아?"

컨설턴트로서 자격 미달이라는 의미였습니다. 컨설턴트는 기업 경영자들과의 상담을 통해 함께 과제를 해결하는 것을 목표로 삼습니다. 하지만 저는 '클라이언트가 불안을 느낄 만한 언행'을 반복했고, 클라이언트를 안심시켜야 했음에도 불구하고 오히려 그를 걱정시켰습니다. 이 말을 들은 이후로 제 인생은 바뀌었습니다.

일 잘하는 사람의 말은
이렇게 시작합니다

안녕하세요. 티넥트 주식회사의 대표 아다치 유야입니다. 컨설팅 회사에 취직했다는 이야기에 '원래부터 머리도 커뮤니케이션 능력도 좋겠네'라고 생각하실지 모르지만 저는 머리도, 커뮤니케이션 능력도 좋지 않았습니다. 실제로 중고등학교 시절 성적은 늘 최하위권이었습니다. 재수까지 해서 겨우겨우 대학교에 들어가기는 했지만, 거기서도 일 잘하는 사람들의 적수조차 되지 못했고 꿈이었던 연구자의 길을 포기할 수밖에 없었습니다. 커뮤니케이션은 심지어 공부보다 더 서툴렀고 말주변도 없는 편이었습니다. 발표가 있을 때는 일주일 전부터 어떻게 말할지 고민하며 긴장으로 잠들지 못할 정도였습니다.

머리도 나쁘고 커뮤니케이션 능력도 떨어지는 사람. 부끄러운 이야기지만 제가 연구자의 꿈을 포기한 후 '월급이 비교적 높다'라는 이유만으로 취직한 곳이 컨설팅 회사였습니다. 그나마 컨설팅 회사에 들어갈 수 있었던 것도 프로그래밍을 다룰 줄 알았기 때문인데, 마침 시스템 컨설턴트를 대거 채용하던 시기라 운 좋게 취업할 수 있었습니다.

컨설턴트는 기업의 상담사 역할을 합니다. 경영자의 고민을 듣고 기업의 과제를 함께 해결해야 하는, 지성과 커뮤니케이션 능력이 요구되는 직업입니다. 그러니 입사 후 겪을 고생이 불 보듯 뻔했죠. 그리고 입사 8개월 시점, 앞서 언급한 그 말을 들었습니다. 이후 저는 중소기업 전문 컨설팅 부문 설립에 참여했고 오사카 지사장, 도쿄 지사장을 역임했으며 현재는 회사의 경영자로서 직원들을 관리하면서 종종 책을 쓰기도 합니다. 머리가 좋은 것도 아니고, 커뮤니케이션 능력이 특출나지도 않았던 제가 어떻게 이렇게 될 수 있었을까요? 최선을 다해 '사람들로부터 신뢰를 되찾으려면 어떻게 해야 할까'를 생각했기 때문입니다.

저는 컨설턴트 1년 차였음에도 불구하고, 30년 이상 기업을 이끌어온 경영자들의 신뢰를 얻어야 했습니다. 이제 갓 입사한 애송이가 30년 넘게 그 길을 걸어온 사장님들에게 햇병아리 취급당하지 않고, 함께 비즈니스를 하고 싶은 사람으로 인식되기 위해 '말하기 전에 제대로 생각하는' 과정이 필수였습니다.

결과는 대화 전에 결정됩니다. 프레젠테이션이나 거래, 상사에게 하는 보고는 물론이고 프러포즈마저도요. 이것이 제가 대학을 졸업하고 컨설팅 회사에 다닌 12년, 회사를 경영한 10년을 거쳐 도출한 결론입니다. 22년 동안 기업 대표들과 우수한 컨설턴트 선배 그리고 상사 등에게 배운 식견을 누구나 어떤 업종에서든, 어떤 시대에든 활용할 수 있는 스타일로 정리한 것이 바로《일 잘하는 사람의 말은 이렇게 시작합니다》입니다.

일 잘하는 사람의 말은
이렇게 시작합니다

아는 것만으로는 의미가 없다

22년간의 노하우를 이 책에 담으면서 '일 잘하는 사람이 말하기 전에 생각하는 것'들을 그대로 나열하지 않도록 노력했습니다. 일 잘하는 사람이 말하기 전에 생각하는 것을 쓰고 엮기만 해도 책은 만들 수 있습니다. 하지만 그저 '일 잘하는 사람이 하는 생각'을 아는 것만으로는 의미가 없다는 사실을 어느 순간 깨달았습니다. 언변 좋은 사람의 말하는 스킬을 안다고 달변가가 될 수는 없으니까요. '말 잘하는 사람들은 이렇게 하더라'라고 이야기는 할 수 있겠지만, 실제로 본인이 그렇게 말할 수 있는가는 다른 문제죠. 마찬가지로, 일 잘하는 사람처럼 생각하는 것만으로는 그 사고방식을 몸에 익힐 수 없습니다. 온라인 세상에 넘치는 화법책의 요점 정리나 하이라이트 영상을 보는 것과 다르지 않습니다. 요약된 기사나 영상을 통해 줄거리는 알 수 있겠지만, 그 책의 내용을 제대로 체득하는 사람은 많지 않을 것입니다.

이 책은 독자들이 일 잘하는 사람들의 식견을 몸에 익혀 **단숨에 일 잘하는 사람이 될 수 있도록** 설계했습니다. 다시 말해, 이 책은 **일 잘하는 사람이 되기 위한 프로그램**입니다.

이 책은 크게 2부로 구성되어 있습니다. 우선, 1부는 '마인드'에 대한 장입니다. 말하기 전에 의식하는 것만으로 '지성'과 타인의 '신뢰'를 얻게 되는 7가지 황금 법칙을 소개하겠습니다. 마인드를 몸에 익히고 구체적인 사고방식을 체득합시다.

2부에서는 단숨에 일 잘하는 사람이 되기 위해 사고의 깊이를 더하는 방법에 대해 알아보겠습니다. 이 장은 이른바 '폼'을 개선하는 장입니다. 야구든 수영이든, 폼이 잘못되어 있으면 아무리 소질이 있어도 그 능력을 충분히 발휘하지 못합니다. 한마디로, 당신은 이미 힘을 지니고 있음에도 깊이 생각하는 방법(사고의 폼)을 모르기 때문에 타인의 눈에 '제대로 생각하는 사람'으로 비치지 않는 것입니다.

다시 읽지 않아도 되는 책을 목표로

올바른 마인드와 폼만 몸에 익히면 누구든 일 잘하는 사람이 될수 있습니다. 하지만 책을 읽은 후 아무것도 하지 않으면 개선된 폼도 원래대로 되돌아갑니다. "좋은 책의 정의는 무엇인가?"라는 질문을 받았다면 뭐라고 답하시겠습니까? 저는 "몇 번이고 다시 읽고 싶어지는 책"이라고 답하겠습니다.

그러나 저는 독자들이 이 책을 다시 읽기를 바라지 않습니다. 오히려 다시 읽지 않아도 되는 책을 목표로 삼고 있죠. 이 책을 다 읽고 나면 '일 잘하는 사람의 대화 공식 카드'를 봐 주세요. 이 카드는 이 책을 정리하는 역할을 맡고 있습니다. 말하기 전에 잠시 멈추고,

하나라도 좋으니 이 카드에 적혀 있는 것을 의식해 보세요. 그러면 말할 때마다 머리가 좋아질 것입니다. 제가 컨설팅 회사에 취직해 '제대로 생각하는' 사고력을 얻게 되면서 업무 성과의 향상과 더불어 부차적으로 크게 달라진 점이 두 가지 있습니다.

- 말하기 때문에 고민하는 일이 없어졌다.
- 인간관계에서 발생하는 마찰이 최소화되었다.

아무리 말솜씨가 뛰어난 사람도 자신만의 언어로 표현하지 못하면 사람의 마음을 움직일 수 없습니다. 말하기 전에 사고법만 바꿔도 자연스럽게 저마다 어울리는 화법으로 그 사람에게 어울리는 방식과 언어로 이야기할 수 있습니다. 자신의 언어로 표현할 수 있게 되면 말하기로 인한 고민이 없어집니다. 제대로 생각할 수만 있다면 '무엇을 이야기해야 할까'에 대한 명확한 답을 얻을 수 있으니 발표를 앞두고 잠 못 드는 일도 없어지죠.

인간은 지극히 감정적인 생물입니다. 말하기 전에 제대로 생각하면 하지 않아도 될 말을 내뱉지 않을 수 있습니다. 이것만으로도 인간관계가 훨씬 편해집니다. 인간관계의 마찰이 적어짐에 따라 자신이 하고 싶은 일과 가족 등 더욱 소중한 대상에 시간을 할애하는 것은 말할 필요도 없겠죠. 커뮤니케이션에 자신이 없는 사람일수록 말하는 법을 바꾸기보다 '제대로 생각하기'에 초점을 맞춰야 합니다.

그럼 바로 시작해 볼까요? 우선 당신이 말하기 전에 얼마나 생각하고 있는지를 알아보는 문제입니다.

"파란 옷이랑 하얀 옷 중에 뭐가 나은 것 같아?"

데이트 중 쇼핑을 하다 상대가 이런 질문을 하면 당신은 어떻게 답하겠습니까? 파란 옷이나 하얀 옷 중 하나를 골라 솔직히 말하겠습니까? 만약 '이런 걸로 얼마나 생각하는지를 알 수 있다고?'라는 의구심이 든다면 이어지는 내용을 꼭 읽어 주세요.

일 잘하는 사람의 말은
이렇게 시작합니다

일 잘하는 사람이 되는 길

(이 책의 사용법)

1부를 읽고
7가지 황금 법칙을 손에 넣는다

2부에서 단숨에
사고의 깊이를 더한다

말하기 전에 '일 잘하는 사람의
대화 공식 카드'를 다시 살펴본다

누구나
일 잘하는
사람이 된다

목
차

프롤로그 4

1부

일 잘하는 사람이
말하기 전에 생각하는 것

'지성'과 '신뢰'를 동시에 얻는 7가지 황금 법칙

1장 머리가 나빠지는 순간,
머리가 좋아지는 시간   19

야쿠자 영화에서 죽는 사람들의 공통점 | 냉정을 잃은 사람의 최후 |
화를 내면 머리가 나빠진다 | 욱하지 않기 위한 두 가지 기술 | 어리석
음을 다스리는 시간 | 황금 법칙 ①

2장 일 잘하는 것을 결정하는
이는 누구인가?   28

일을 잘한다는 것은? | 머리가 좋지 않으면 살아남기 힘들다 | 조용한
숲에서 나무가 쓰러지면 소리가 날까? | '머리 좋음'이란? | 일 잘하는
사람이 사고를 심화하는 법 | 왜 논리적 사고가 중요한가? | '타인에
의해 결정된다'라고 생각하라 | 황금 법칙 ②

3장 입사 1년 차가 30년 경력 사장에게
조언할 수 있는 이유   42

영리한 척하지 말고 영리하게 굴어라 | 회의에서 가장 먼저 말하라 |
신뢰는 마음을 움직인다 | '어떻게 생각해?'라는 질문에 어떻게 답할
까? | 황금 법칙 ③

4장　　일 잘하는 사람은
　　　　 '논파'하지 않는다　　　　　　　　　　　　**53**

일단 논파하려는 사람 | 클레임 응대 달인들의 특징 | 이기고 지는 것
에 연연하지 않는다 | 황금 법칙 ④

5장　　말만 그럴듯하게
　　　　 하지 마라　　　　　　　　　　　　　　　**59**

말만 그럴듯하게 해서는 마음을 움직일 수 없다 | 형식을 익히면 전달
이 될까? | 잡다하게 늘어놓을 수 없는 '잡담'은 안 해도 된다 | 성실한
사람일수록 빠지기 쉬운 '테크닉의 딜레마' | 황금 법칙 ⑤

6장　　지식이 '지성'으로
　　　　 바뀌는 순간　　　　　　　　　　　　　　**68**

일 잘하는 사람은 '모르는 척'을 한다 | 쉽게 조언하지 마라 | 상대를 위
해 지식을 사용하라 | 황금 법칙 ⑥

7장　　인정욕구를 제어하는 자가
　　　　 커뮤니케이션의 강자가 된다　　　　　　　**76**

영향력 있는 정치인이 비서에게 내린 지시는? | 커뮤니케이션 강자가
되는 두 가지 조건 | 카리스마는 어떻게 생겨나는가? | 황금 법칙 ⑦

2부   **단번에 일 잘하는 사람이 되는 사고의 심화법**

'지성'과 '신뢰'를 동시에 얻는 5가지 사고법

8장   **멍청한 화법부터 버려라: 객관화 사고법**   **91**

사람이 멍청해 보이는 세 가지 순간 | 객관화 사고법 ① 사소한 정보를 과신하면 멍청해 보인다 | 확신이 지나치면 머리가 나빠 보인다 | 이야기에 깊이를 더하는 두 가지 요령 | 일 잘하는 사람의 자료 검색법 | 객관화 사고법 ② 언어에 민감하라 | 외국어는 영리한 척의 대명사 | '관리'의 정의를 생각해 보자 | 말의 정의에 따라 '행동'이 바뀐다 | 객관화 사고법 ③ 경위를 이해하라 | 왜 학생들의 바비큐 파티에 사람이 몰렸을까 | 경위를 알아보는 법

9장   **그 사람의 말을 이해하기 쉬운 이유: 정리 사고법**   **121**

일 잘하는 사람은 '이해'에 시간을 투자한다 | 대박 카피가 탄생하는 순간 | '이해하고 있다' = '정리되었다' | 정리 사고법 ① 누구든 결론부터 말하게 하는 법 | 결론부터 말하고 싶지만 실패하는 이유 | 만인에게 해당하는 결론의 정의 | 정리 사고법 ② 사실과 의견을 구별하라 | 뇌는 편한 쪽으로 멋대로 치환한다 | 사실과 의견을 구별할 수 있는가 | 사실과 의견을 구별하여 말하는 법 | 자신의 의견을 갖는 방법

10장 **생각하기 전에 제대로 듣자:**
경청 사고법   **148**

듣는 척하기는 쉽지만, 제대로 듣기는 어렵다 | 자신이 이해한 내용만
잘라 내는 사람 | 이야기를 들을 때 생각해야 하는 것 | 지적이고 존경
받는 사람의 듣는 태도 | 경청 사고법: 조언하지 마라, 정리하라 | 조언
대신 교통정리를 하라 | 정리하며 듣는 기술

11장 **깊게 듣는 기술과 배우는 기술:**
질문 사고법   **168**

사람이 후련함을 느끼는 순간 | 깊게 듣는 기술 ① 미국 정부와 구글의
질문 기술 | 질문의 종류는 다섯 가지뿐 | 일상생활에서도 OK! 만능 질
문 기술 | 깊게 듣는 기술 ② 질문하기 전에 가설을 세운다 | 배우는 기
술: 질문에 능숙한 사람과 서툰 사람의 차이

12장 **마지막에 강한 인상을 남긴다:**
언어화 사고법   **193**

왜 전화부터 거는 사람을 싫어할까? | 커뮤니케이션 코스트를 의식하
라 | 언어화 코스트를 부담하는 입장이 되자 | 언어화 사고법 ① 언어
화의 질을 단숨에 높이는 공식 | 다시 정의하라 | 누구나 양질의 아웃
풋을 낼 수 있는 절차 | 언어화 사고법 ② 늘 '대박이야'라고 표현하는
당신에게

맺음말 224
참고 문헌 228

일 잘하는 사람이 말하기 전에 생각하는 것

...

1부

'지성'과 '신뢰'를
동시에 얻는
7가지 황금 법칙

'지성'과 '신뢰'를 동시에 얻는 7가지 황금 법칙

1. 일단, [   ] 하지 마라.

---

2. 머리가 좋다는 것은 [   ] 에 의해 결정된다.

---

3. 사람은 자신을 진심으로 [   ] 사람을 신뢰한다.

---

4. 사람과 싸우지 마라, [   ] 와 싸워라.

---

5. 제대로 전달되지 않았다면 말하는 방식의 문제가 아니라

   [   ] 이 부족하기 때문이다.

---

6. 지식은 [   ] 을 위해 사용할 때 비로소 지성이 된다.

---

7. 인정 욕구를 [   ] 쪽이 되어라.

▣ 정답은 83쪽에 있습니다.

머리가 나빠지는 순간,   01
머리가 좋아지는 시간

야쿠자 영화에서 죽는 사람들의 공통점

〈아웃레이지〉는 '등장인물 전원 악인'이라는 캐치프레이즈를 내건 야쿠자 영화입니다. 처음부터 끝까지 쉼 없이 살인과 폭력 그리고 부조리가 난무하는 '많은 사람이 죽는' 영화죠. 처음에는 눈치채지 못했지만, 두 번째 볼 때 살해당한 사람들 사이에 공통점이 있음을 깨달았습니다. 과연 무엇일까요?

문제 1

야쿠자 영화 〈아웃레이지〉에서 살해당한 사람들의 특징은?

답은 '감정적인 사람'입니다. **감정에 휘둘리는 사람은 죽고, 냉정한 사람은 살아남습니다.** 감정에 휘둘리는 사람은 철저히 이용만 당한 채 죽고 말죠. 저는 이 영화를 통해 **감정적으로 구는 순간, 패배한다는** 메시지를 발견했습니다. 이는 제가 컨설팅에서 배운 가장 중요한 사항이기도 합니다.

냉정을 잃은 사람의 최후

젊은 시절의 이야기입니다. 한 기업의 '개선 활동'을 보러 갔습니다. 개선 활동이란 부장님 앞에 한 명씩 나와 이번 주와 다음 주의 목표를 발표하는 것이었는데, 임원 A는 지나치다 싶을 정도로 '발표하는 사람의 목소리'에 집착을 보였습니다. 사원 중에는 사람들 앞에서 말하는 것을 어려워해 목소리가 작은 사람도 당연히 있습니다. 자신 없는 모습으로 발표하는 사람도 있죠. A는 이런 사원들을 향해 목소리가 작다고 호통치며 다시 하라고 다그쳤습니다. 솔직히 말해 보기 좋은 모습은 아니었지만 저는 외부인이었고 경영자가 용인한 일이라 그를 말릴 명분이 없었습니다.

그런데 어느 날 임원의 눈 밖에 난 한 신입 사원이 모두의 앞에서 호되게 당하고 있을 때, 더는 보고만 있을 수 없었는지 임원 B가 큰소리를 치며 A를 저지했습니다. 현장은 살얼음판이 되었지만, A가 말이 너무 지나쳤다고 신입 사원에게 상황이 일단락되었습니다. 그후 A와 B는 사장의 중재로 함께 대화의 자리를 가졌습니다. 사장은 화를 낸 B의 입장에 서서 A에게 "너무 지나치군요. 본래의 취지에 맞지 않습니다"라며 반성을 촉구했습니다. 다만, B에게도 이런 말을 남겼죠.

"그렇게 냉정을 잃으면 어떻게 합니까. 이래서는 리더 자리를 맡길 수 없어요."

사장의 말대로였습니다. B는 그저 신입을 두둔했을 뿐이지만, 그 사건 이후 그를 향한 다른 사원들의 시선이 달라졌습니다. 호감의 눈빛이 아닌 다소 차가운 시선이었습니다. 사람들은 'B도 (A와 다를 바 없이) 욱해서 화내는 사람이었어'라고 판단을 내렸죠.

B의 행동은 정의감에서 비롯되었으리라 추측할 수 있습니다. 약자가 당하고 있는 상황을 그저 보고만 있을 수 없었겠죠. 하지만 그 이유가 뭐든 '욱해서 버럭 대는 사람'에게 다가가고 싶어 하는 사람은 없습니다.

화를 내면 머리가 나빠진다

심리학자 스튜어트 서덜랜드는 저서 《비합리성의 심리학》에서 다음과 같이 서술합니다.

"분노나 공포 등 강한 감정에 휩싸이면 어리석은 행동을 저지르기 쉽다."

다시 말하자면 누구나 화를 낼 때는 머리가 나빠진다는 것입니다. 분노 속에서 내리는 판단은 기본적으로 틀렸다고 보는 것이 좋습니다. 상사에게 질책을 받았을 때, 동료들에게 능력을 무시당했다거나, 많은 사람 앞에서 수모를 겪었다고 가정해 봅시다. 이와 같은 상황에서 좋은 판단을 내릴 수 있는 사람은 거의 없습니다. 실제로 상사와 다툰 후 홧김에 회사를 그만두었다가 후회하는 사람을 여럿 보았습니다. 일 잘하는 사람은 '화내는 모습', '감정적인 태도'로 인해 얼마나 큰 손실을 입는지 알고 있습니다.

물론, 일 잘하는 사람도 감정적일 때가 있습니다. 그럴 때 바로 격한 반응을 보이지 않고 냉정하게 생각하는 시간을 갖는 편이 유리하다는 사실을 인식하고 그 기술을 몸에 익히죠. 즉, '말하기 전에 제대로 생각하기'란 감정에 휩쓸려 반응하지 않고 냉정해지는 것이라 말할 수 있습니다.

욱하지 않기 위한 두 가지 기술

그렇다면 어떻게 해야 욱하지 않고 냉정함을 유지할 수 있을까요?

일 잘하는 사람의 말은
이렇게 시작합니다

포인트는 두 가지입니다.

① 바로 입을 열지 않는다
② 상대방이 어떻게 반응할지 몇 가지 방안을 생각해 비교 검토한다

　노벨경제학상을 수상한 행동경제학자 대니얼 카너먼은 《생각에 관한 생각》에서 인간의 사고는 '빠른 사고(시스템 1)'와 '느린 사고(시스템 2)'로 구성되어 있다고 말합니다.

　간단히 정리하면 빠른 사고(시스템 1)는 이른바 직감적인 사고, 느린 사고(시스템 2)는 논리적인 사고를 가리키며 기본적으로 인간은 빠른 사고(시스템 1)를 우위에 둔다는 내용이죠. 즉, 곧바로 입을 열면 '빠른 사고(시스템1)'의 직감적·감정적 발언을 내뱉기 때문에 **바로 말하지 않고, 자신의 발언으로 상대방이 어떤 반응을 보일지 몇 가지 시나리오를 비교 검토하는 과정을 통해 '느린 사고(시스템2)'를 작동시키는 것입니다.** 카너먼은 이처럼 복수의 시나리오를 검토해 행동을 결정하는 것을 '병렬 평가'라고 부릅니다.

　'말하기 전에 제대로 생각하기'는 카너먼이 말하는 '느린 사고(시스템2)'를 활용하는 방법이라 할 수 있습니다. 앞에 언급한 사례처럼 눈앞에서 신입이 부당한 질책을 듣고 있는 모습을 보고 분노를 느꼈다고 합시다. 그때 곧바로 입을 열면 감정이 이성을 지배해 앞의 B처럼 임원에게 화를 내버리고 불리한 상황에 놓일 수 있습니다. 만약

'바로 입을 열지 않는 것'을 선택한다면 우선 생각할 여지가 생깁니다. 카너먼이 말한 시나리오의 검토란 '여기서 화를 내면 상대방이 어떻게 나올까?'를 상상하는 것이 아닙니다.

- 질책당하는 신입 사원을 일시적으로 다른 장소로 대피시키는 방법은 없는가?
- 임원의 주의를 다른 쪽으로 돌릴 수는 없는가?

이처럼 이런저런 대안을 검토하다 보면 분노가 가라앉습니다. 다양한 시나리오를 검토하는 것은 실제로 가장 적합한 수단을 검토하기 위함이기도 하지만 냉정을 되찾을 '시간을 벌기' 위함이기도 합니다.

어리석음을 다스리는 시간

미국에서 개발된 심리 트레이닝 중 분노에 능숙하게 맞서기 위한 '앵그리 매니지먼트'라는 것이 있습니다. 일본 앵거 매니지먼트협회 이사인 도다 구미 씨는 저서 《앵거 매니지먼트 アンガーマネジメント》에서 '몇 가지 설이 있으나, 화를 낸 후 이성이 작동하기까지 6초의 시간이 걸린다'라고 설명합니다. 또한 자연과학 연구 기구 생리학연구

소의 교수이자 의학박사인 가키기 류스케 씨는 닛케이 신문이 운영하는 건강 의료정보 사이트 〈닛케이 굿데이〉와의 인터뷰에서 이렇게 답했죠.

> "분노와 같은 감정을 통제하고 이성적 판단, 논리적 사고 및 커뮤니케이션 등을 하는 것이 대뇌 신피질 안에 있는 '전두엽'이라는 곳입니다. (중략) 전두엽이 본격적으로 움직이기 전까지 걸리는 시간은 3~5초 정도로 알려져 있죠. 흔히 말하는 '열 받을 때', '욱할 때'는 우선 6초만 기다려 봅시다."

요약하면 화를 내는 찰나는 곧 인간의 머리가 나빠지는 순간이며 냉정을 되찾고 사고력을 회복하기 위해서는 약 6초의 시간이 필요하다는 것입니다. 기억을 더듬어 보니 컨설팅 업계 선배도 입이 닳도록 다양한 방안을 검토하라고 했었습니다. 일 잘하는 사람은 화를 낼 때뿐 아니라 일이 수월히 진행될 때도 위험 요소는 없는지, 빠뜨린 것은 없는지 냉정하게 사고합니다. **일 잘하는 사람일수록 자신의 감정적인 모습을 예민하게 인식하여 냉정해질 수 있죠.**

물론 감정을 소홀히 여기라는 뜻은 아닙니다. 오히려 솔직하게 자신이 어떤 느낌을 받는지, 무엇을 좋아하고 무엇을 싫어하는지 감지할 줄 아는 것이 중요합니다. 하지만 '입은 모든 화의 근원'이며 말하기 전에는 충분한 주의를 기울여야 합니다. 때에 따라서 되돌릴 수 없는 발언이 되기도 하니까요. 뭔가를 말하고 싶을 때일수록 반대로 입을 닫는 것. '일단 반응하지 않는 것'이 중요합니다.

황금 법칙 1

일단,
반응하지 마라.

일 잘하는 것을
결정하는 이는 누구인가?

02

일을 잘한다는 것은?

이 책은 **누구나 단숨에 일 잘하는 사람이 되는 방법** 공유를 목표로 하고 있습니다. '갑자기 일을 잘하게 되다니, 말이 돼?' 이렇게 생각하는 사람도 있겠죠. 일 잘한다는 의미를 IQ나 학습 능력과 연관지어 생각한다면 이런 반응을 보이는 것도 무리가 아닙니다. 다만 학력이 좋고, IQ가 높다고 해서 반드시 일을 잘하고 신뢰를 얻는다는 뜻이 아니라는 점은 누구나 그리 어렵지 않게 이해할 수 있을 것입니다.

과연, 일을 잘한다는 것은 무슨 의미일까요?

논리적 사고, 빠른 두뇌 회전, 지식의 양, 분석 능력, 교양, 본질을 파악하는 힘, 추상화 능력, 탁월한 요령, 어휘력, 미래를 예측하는 능력…. 모두 좋은 머리를 구성하는 요소임은 분명합니다. 하지만 지식이 있다고, 어휘력이 좋고 논리적이라고 해서 '일 잘하는 사람'이라 단언할 수 있을까요?

조금만 관점을 바꿔 보죠. **일을 잘한다는 것은 '누가' 결정할까요?** 일단 자기 자신은 아니겠죠. 스스로 일을 잘한다고 생각한다면 아마 그리 일 잘하는 사람은 아닐 듯한 느낌이 듭니다. 정말로 일 잘하는 사람은 '난 일 잘한다고!'라는 말을 하지 않을 것 같거든요. 그럼 자신이 아닌 누가 필요로 하고 또 결정할까요. 네, 맞습니다. **타인입니다.**

머리가 좋지 않으면 살아남기 힘들다

학창 시절에는 '표준편차'라는 확실한 지표가 있었습니다. 하지만 사회에 나오면 그 지표는 사라져 버립니다. 모의고사에서 상위 30퍼센트였다고 해서 '일 잘하는 사람'으로 판단해 주지 않으며 머리가 좋은지 확인하는 테스트도 없습니다. 요구되는 사항은 일을 진척시키고 성과를 내는 능력입니다.

그렇다고 해서 좋은 머리가 필요 없다는 뜻은 아닙니다. 요즘은 거의 모든 직업에서 지적 능력과 성과가 밀접한 관계를 맺습니다.

머리 좋다….

사회에 나오면 좋은 머리의 기준이 바뀐다

그렇다면 좋은 머리의 기준이 명확하게 존재하지 않는 사회에서 '일 잘하는 사람'이란 어떤 이들을 가리킬까요.

바로 주변인들에게 '머리가 좋다'고 인식되는 사람입니다. **'머리 좋다고 인식'하는 사람이 많으면 많을수록 실제로 '일 잘하는 사람'에 가까운 것입니다.** 이런 생각에 위화감을 느끼는 분들도 있을지 모릅니다. 많은 사람과 어울려야 하거나 커뮤니케이션 능력이 중요한 업계라면 다르겠지만, 아이디어로 승부하는 직업이나 연구직 등을 생각하면 머리가 좋다는 것을 타인이 정한다고 말하기 어려운 느낌도 물론 듭니다. 주변의 반대를 무릅쓰고 자신을 믿으며 연구에 몰

일 잘하는 사람의 말은
이렇게 시작합니다

두한 연구자들의 이야기는 미담으로 전해지기도 하죠. 그러나 '지知의 거인'이라 불리는 경영학자 피터 F. 드러커는 《피터 드러커 자기경영 노트》에서 명확하게 아래와 같이 말합니다.

> "지식이 있는 사람에게는 이해받도록 노력할 책임이 있다. 아마추어는 전문가를 이해하기 위해 노력해야 하며 전문가와만 대화가 통하면 충분하다고 생각하는 전문가의 생각은 야비한 오만이다."

'내 생각이 이해받지 못하는 것은 상대방의 이해력이 부족하기 때문'이라고 생각하는 사람도 있지만, 드러커는 이를 부정했습니다. 많은 이들이 노벨상 수상자를 '일 잘하는 사람'으로 인식할 것입니다. 노벨상의 선정 기준은 공표되지 않았지만 '인류에게 최대의 공헌을 한 사람들에게 주어진다'라는 것이 노벨상의 정의입니다. 다시 말해, 자신 이외의 타인에게 얼마나 공헌했느냐가 평가의 축이라는 뜻이죠.

조용한 숲에서 나무가 쓰러지면 소리가 날까?

'일을 잘한다는 것은 타자의 인식으로 결정된다'라는 관점은 무척 중요합니다. 현대에서 가장 중요한 지적 능력 중 하나인 커뮤니케이션 능력의 본질에 가깝기 때문입니다. 드러커는 커뮤니케이션 능력에 관해 다음과 같이 서술합니다.

> "불교의 선승, 이슬람의 수피교도, 탈무드의 랍비 등 수도자들의 화두 중에 '아무도 없는 숲에서 나무가 쓰러지면 소리가 날까'라는 물음이 있다. 오늘날의 우리는 답이 '없다'라는 사실을 안다. 음파는 발생한다. 그러나 음을 감지하는 자가 없으면 소리는 나지 않는다. 소리는 지각될 때 비로소 소리가 된다. 여기서 말하는 소리야말로 커뮤니케이션이다. 이 답은 새로울 것이 없다. 수도자들 또한 알고 있었다. '아무도 듣지 않으면, 소리는 없다'고 답했다. 이 오래된 답은 오늘날 중요한 의미를 지닌다. 커뮤니케이션을 성립시키는 것은 수신자다. 커뮤니케이션의 내용을 발신하는 자, 즉 커뮤니케이터가 아니다. 그는 발신할 뿐이다. 듣는 이가 없으면 커뮤니케이션은 성립하지 않는다. 의미 없는 음파일 뿐이다."
>
> 《피터 드러커 - 매니지먼트》 중에서

커뮤니케이션의 주체는 자신이 아닌 상대방입니다. 극단적으로 말해, 제아무리 훌륭한 아이디어를 가지고 있어도 **타인에게 전달되지 않으면 그 아이디어는 존재하지 않는 것과 마찬가지입니다.** '타인이 어떻게 생각할 것인가'를 의식하는 것이야말로 존경받는 지적 인간이 지니는 마인드의 근본이자, 사고의 질을 높이는 데 가장 중요한 요소입니다. '내가 고안한 기획이 채택되지 않는다', '하고 싶은 말이 전달되지 않는다', '주변에서 인정해 주지 않는다'라고 생각하는 사람일수록 이런 관점을 놓치는 경우가 많습니다. 따라서 이 책에서 일을 잘한다는 것은 타인이 결정하며 일 잘하는 사람이란 주변인들에게 '머리가 좋다'고 인식되는 사람이라 간주하겠습니다.

'머리 좋음'이란?

편차치로 측정할 수 있는 학력이나 논리적 사고가 필요 없다는 말은 아닙니다. 머리가 좋다는 것은 크게 두 종류로 나눌 수 있습니다. IQ에 대응되는 SQ라는 말을 알고 계시나요? 사회적 지성을 의미하는 SQ는 미국의 심리학자 대니얼 골먼이 처음 주장한 개념으로, 인간에게 가장 중요한 '머리 좋음'을 칭합니다.

골드먼은 EQ라는 개념도 제창했습니다. EQ란 '감정의 지능지수' 혹은 '마음의 지능지수'라고도 불리는 개념이죠. 이것을 더욱 진화시킨 것이 SQ, '사회적 지성'입니다. 골드먼은 SQ란 **'타인과의 관계에서 높은 지성을 발휘하는 능력'**이라고 정의합니다.

컨설팅 회사에서 배웠던 것을 되새겨 보면 그것들이 바로 '사회적 지성'에 대한 가르침이었음을 실감합니다. 사회에서 필요로 하는, 그리하여 구직 활동 시에도 요구되는 '커뮤니케이션 능력'도, 컨

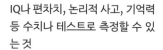
학습적 지성

사회적 지성

IQ나 편차치, 논리적 사고, 기억력 등 수치나 테스트로 측정할 수 있는 것

숫자나 테스트로는 측정할 수 없는 것. 타인의 생각을 읽고 신뢰를 얻어 타인을 움직이는 능력

설팅에서 중시되는 '기본 머리'도, 사회적 지성이라는 말로 집약됩니다.

이 책에서는 머리 좋음을 '사회적 지성', '학습적 지성'의 두 종류로 구분합니다. 학습적 지성이란 수치로 측정할 수 있는 'IQ나 기억력, 학력' 등으로, 스스로 완결하는 힘을 뜻합니다. 이에 반해, 사회적 지성은 한마디로 **타인의 생각을 읽고 타인의 신뢰를 얻어 타인을 움직이게 하는 능력**을 말합니다. 또한 퀸즐랜드 대학의 심리학 교수 윌리엄 폰 히펠은 《인류 진화의 무기, 친화력》에서 '사회적 지성이야말로 진정한 지적 마력馬力이며, IQ 같은 논리적 능력은 지성의 본질이 아닌 부산물이다'라고 서술해 흥미롭습니다.

일 잘하는 사람이 사고를 심화하는 법

이는 마케팅 사고방식과 매우 유사합니다. 드러커는 기업의 가장 중요한 기능으로 '마케팅'과 '혁신'을 꼽았는데, 마케팅은 비즈니스와 관련된 이들에게 필수적인 요소로 '고객의 욕구로부터 시작하는 것'으로 정의됩니다. 그야말로 사회적 지성 그 자체라고 볼 수 있죠. 그렇다면 마케팅 도서를 잔뜩 읽는다고 마케팅 사고방식을 체득할 수 있을까요?

물론, 책으로 하는 공부도 중요하지만 그에 앞서 '상대방의 욕구를 파악'하고, '상대방이 무엇을 원하고 있는지'를 꾸준히 상상하는 것이 우선입니다. 옆에 앉은 이가 무엇을 요구하는지도 모르면서 고객이 원하는 바를 상상하기란 쉽지 않으니까요. 저도 현재 마케팅 회사를 경영하고 있지만, 신입 시절에는 마케팅 전문서를 읽어도 제대로 이해하지 못했습니다. 당시에는 '이해한 듯한 감각'에 빠졌지만 돌이켜보면 전혀 이해하지 못했습니다.

컨설턴트로 3년 정도 경험을 쌓은 후 집 책장에 있던 마케팅 관련 서적을 다시 보니 놀라울 정도로 쉽게 느껴졌습니다. '이 저자의 설명은 이해하기 쉽구나, 내가 생각한 내용을 제대로 설명해 주고 있어'라는 다소 건방진 시선으로 읽을 정도였습니다. 신입일 때 읽었던 경험과는 전혀 다르게, 마치 제가 직접 부딪혀 겪으며 깨달은 '마케팅이란 무엇인가'에 대한 생각을 확인하는 듯한 느낌이었습니다. 실전에 들어가기 전에 마케팅 서적을 잔뜩 읽는 것은 학습적 지성을 발휘하는 행위입니다. 학력이 높은 사람들은 이런 학습적 지성을 능숙하게 발휘하는 경향이 있습니다. 그러나 실전 업무에서 타인과 얽힐 때 발휘되는 것은 사회적 지성입니다. 진짜 일 잘하는 사람은 학습적 지성과 사회적 지성을 두루 넘나듭니다.

학창 시절 배움의 결과는 성적으로 나타납니다. 하지만 배운 것을 사회에서 적용하는 방법까지 학교에서 가르쳐 주지 않습니다. 그러다 보니 학습적 지성을 먼저 익힌 후 사회에 나와 사회적 지성을 배우는 순서가 되기 쉽죠. 그러나 사회에서 활약하는 사람은 반대로 배웁니다. 사회적 지성을 몸에 익힌 다음 학습적 지성을 통해 복습하는 방식으로 배웁니다. 또한 앞서 설명했듯 사회적 지성과 학습적 지성을 넘나들며 사고의 깊이를 더합니다. 이 책에서 전하는 단숨에 일 잘하는 방법 역시 학창 시절의 배움과는 상반되는 순서입니다.

"타인과의 커뮤니케이션을 통해 지성을 몸에 익힌다."

이 점을 염두에 두세요.

일 잘하는 사람의 말은
이렇게 시작합니다

왜 논리적 사고가 중요한가?

논리적 사고는 비즈니스에서 무척 중요한 기술로 여겨집니다. 그렇다면 논리적 사고가 중요한 이유는 무엇일까요? 그것은 **입장과 가치관이 다른 타인과 생각을 공유할 때 필요한 요소**이기 때문입니다. 취미나 가치관이 비슷한 친구와의 대화를 떠올려 보세요.

"그거, 너무 괜찮지!"
"어, 그 부분이 최고였어."
"맞아, 그 부분!"

가치관이 다른 사람과 생각을 공유하려면 논리적으로 말할 필요가 있다

논리적인 대화가 아님에도 충분히 말이 통하죠. 그러나 가치관이 다른 이와 이야기할 때는 이런 대화가 잘 통하지 않습니다. "그거가 뭔데?"라는 반응이 나올 테죠.

바로 이 지점에서 논리적으로 말해야 할 필요성이 생깁니다. 그거 너무 괜찮다는 말만으로도 대화가 되는 사람들과 어울리는 것도 좋지만, 다양한 가치관을 가진 사람과 소통하며 생각을 공유함으로써 얻는 것도 있습니다. 애초에 비즈니스 현장에서는 '그거 너무 괜찮았어!'라는 식의 소통 방식이 통용되지도 않고요. 사고방식이 다른 상대방에게 내 생각을 어떻게 전달할지 고민할 때, 다시 말해 타인이 어떻게 생각할지를 고려할 때, 인간은 자신의 이야기를 논리적으로 구성하려고 합니다. 결론을 짧게 정리하고 원인을 알기 쉽게 세 가지로 분류하는 등의 방식으로요.

'타인에 의해 결정된다'라고 생각하라

머리 좋다는 것, 일 잘하는 것이 타인에 의해 결정된다는 이야기에 남의 시선을 의식하고 싶지 않다고 말하는 사람도 있을 것입니다. 최근 들어 '자기긍정감'이라는 말이 널리 퍼지며 '있는 그대로의 나로 살아가는 것이 중요하다'라고 인식되고 있습니다. 심리 상담가들이 쓴 책에는 자기긍정감을 높이기 위해 타인이 아닌 자신을 먼저

38

일 잘하는 사람의 말은
이렇게 시작합니다

생각하는 것이 중요하다는 내용이 나오죠. 책에서 '나를 소중하게 여기지 않으면 타인도 소중하게 대할 수 없다'라는 메시지를 읽은 분들도 있을 테고요. 이런 의견들을 부정할 마음은 없습니다. 만약 정신적으로 괴로운 상황에 있다면 휴식을 취하며 자신을 소중히 돌보는 노력이 필요하겠죠.

다만, 이렇게나 '자신'을 중요시하는 세상이기에 더더욱 '일 잘함은 타인이 결정한다'라는 사고가 효율적으로 작용할 수 있습니다. 일단, 상대방의 입장에서 생각하는 습관부터 들이고 나서 '일 잘하는 사람'이 되면 무척 편합니다.

저는 지금까지 원하는 바를 관철하기에 급급한 나머지 우수한 능력을 발휘하지 못하고 실패하는 조직원을 많이 봐 왔습니다. 그러니 모두가 자기 생각을 우선하는 시대일수록 의도적으로 상대방의 입장에 먼저 서서 일 잘하는 사람이 되어 보자는 것입니다.

생각해 보세요. 사람들은 일 잘하는 이의 이야기를 들으려 합니다. 일 잘하는 사람이 권하는 것을 원하게 됩니다. 일 잘하는 사람이라고 인정받으면 자신이 원하는 바를 이루기 수월해집니다. 열과 성을 다해 프레젠테이션해도 기획이 채택되지 않는 사람과 간단한 설명만 해도 원하는 바를 이뤄내는 사람. 그 두 사람의 차이는 주변인들에게 '일을 잘한다'고 인식되어 있는가 아닌가에 있습니다. 그 '신뢰감'의 유무가 엄청난 차이를 만듭니다.

상대방의 입장에 서서 생각해야 한다고 해서 언제나 늘 그래야만 한다는 뜻은 아닙니다. 말하기 전에만 그렇게 생각하면 됩니다. 평소에는 본인의 감각을 소중히 여기며, 편한 마음으로 자신이 좋아하는 것들을 생각하면 되죠. 그저 말하기 전에만 '일을 잘한다는 것은 타인이 결정한다'라는 전제로 사고의 질을 높이면 충분합니다. 이 사고방식은 사회적 동물인 우리가 결과적으로 나답게 살아가기 위해 필수 불가결한 요소입니다.

황금 법칙 2

일을 잘한다는 것은
타인에 의해 결정된다.

03

입사 1년 차가
30년 경력 사장에게
조언할 수 있는 이유

영리한 척하지 말고 영리하게 굴어라

프롤로그에서 언급했듯 22년 전의 저는 컨설턴트 자격 미달과 다름없는 말을 들은 그날 이후 필사적으로 클라이언트의 신뢰를 되찾을 방법을 찾기 시작했습니다. 고객에게 어떻게 말하고 어떤 태도로 접해야 하는가. 고객의 고민에 어떻게 다가가야 하는가. 영리하게 굴기 위해 고심한 것이죠.

'그러니까 영리한 척을 하라는 뜻이야?!'라고 받아들이는 사람도 있을 것입니다. 유능함을 타인이 결정한다고 하니, 일 잘하는 사람처럼 보이도록 영리한 척을 해야 한다는 뜻으로 해석할 수도 있겠죠. 그렇지만 사실은 정반대입니다. **일 잘하는 사람은 머리 좋은 척**

언뜻 무언가를 말하는 것 같지만 실은 아무 말도 하지 않은 사람들

을 할 필요가 없습니다. 영리한 척은 실제로 일 잘하는 사람이 하는 영리한 행동과는 완전히 상반됩니다.

'뭔가 말하는 것 같기는 한데, 실은 아무 말도 하지 않은 것과 다름없는 발언'을 하는 사람들이 그 대표적인 예죠. 여러분 주변에도 이렇게 말하는 사람들이 있지 않나요? 신제품의 구체적인 아이디어를 검토하는 자리에서 "소비자의 니즈를 파악해 적절한 대책을 세워야 합니다"라는 지극히 맞는 말이지만 아이디어 하나 없는 발언을 하는 사람. 이의를 제기한 고객을 만나고 온 직원에게 '고객에게 뭐가 제일 좋은 방법인지 잘 생각하도록'이라는 알맹이가 없는 조언을 하는 사람. 그밖에 '무엇이 좋은지는 목적에 따라 달라집니다', '논의가 필요하네요', '깊이 있게 검토해 봅시다' 등의 말을 던지고 아무것도 하지 않는 사람도 마찬가지입니다.

이같은 발화 방식이 틀렸다는 뜻은 아닙니다. 하지만 실제로 알맹이가 없는 **영리한 척은 그 순간을 모면할 수는 있으나 사람의 마음을 움직이지는 못합니다.** 이런 발언을 반복하면 사람들은 점차 그의 이야기에 귀 기울이지 않죠.

회의에서 가장 먼저 말하라

어느 회의에서 참가자들이 보고를 마치자 회의를 주관하는 부장이 입을 열었습니다.

부장 뭐든 아이디어가 있는 사람은 말해 보세요.

잠시 침묵이 흐른 후 사원 한 명이 손을 들고 의견을 냈습니다.

사원 그럼, 제 의견을 말씀드리겠습니다. 저는 해당 서비스의 매출 부진 원인이 '캐치 카피'에 있다고 생각합니다. (중략) 캐치 카피를 다음과 같은 방향으로 바꿀 것을 제안합니다.

곧이어 그는 자신이 고안한 캐치 카피를 공개했습니다. 하지만 그가 제안한 카피는 빈말로라도 칭찬하기 어려운 수준이었죠. 그때, 다른 사원들이 목소리를 높이며 "문제는 캐치 카피가 아니라 가격입니다", "캐치 카피에 문제가 있는 것은 맞지만 제안하신 안은…" 등의 질문과 비판을 이어가기 시작했습니다. 의견을 낸 젊은 사원은 풀이 죽은 듯했습니다. 이를 보고 부장은 이렇게 말했습니다.

부장   아주 좋은 의견이네요. 미처 생각하지 못했던 부분입니다. 검토 목록에 추가하죠.

이후 회의에서는 캐치 카피뿐 아니라 가격 설정, 타깃 재설정, 영업 방법에 이르기까지 다양한 주제의 논의가 오갔고, 새로운 대책을 수립할 수 있었습니다. 저는 부장에게 "왜 그 캐치 카피를 '좋은 의견'이라고 말씀하셨습니까?" 하고 물었습니다. 그랬더니 이렇게 답하더군요.

부장   어떤 일에서든 가장 대단한 사람은 '처음 의견을 낸 사람'이에요. 비판이야 누구나 할 수 있죠. 하지만 처음 의견을 내려면 용기가 필요할뿐더러, 다른 사람에게 바보 취급당하지 않게 더 치열하게 공부해야 합니다. 그러니 그를 존중하는 건 당연한 일이죠.

눈이 번쩍 뜨이는 깨달음이었습니다. 처음 발언한 젊은 사원은 비록 허술한 캐치 카피를 제안했지만, 회의에 활력을 불어넣었고 결과적으로 새로운 대안을 발견하는 계기를 마련했습니다.

이것이야말로 영리한 행동입니다. 영리한 척을 하려면 처음 말을 꺼내는 것보다 다른 사람의 말을 들은 후 의견을 내는 편이 좋다고 판단하기 쉽죠. 젊은 사원의 캐치 카피를 비판하던 그 사람들처럼요. 하지만 결국 좋은 평가를 얻은 사람은 처음 발언한 젊은 사원이었습니다. 여기서 알 수 있듯, 영리한 척과 영리한 행동은 다릅니다.

신뢰는 마음을 움직인다

"아다치 씨, 괜찮은 거 맞아?"라는 말을 듣고 약 6개월 뒤에 프로젝트가 마무리되었습니다. 무척 감사하게도 계약이 유지되었고, 덕분에 마지막에는 사장님에게 감사 인사까지 들을 수 있었습니다. 그 사장님과의 관계는 이후에도 이어졌고 저는 꽤 오랫동안 그분의 컨설턴트로 일했습니다. 대체 어떻게 사회생활 1년 차 풋내기가 업계

경력 30년 차 사장님의 컨설턴트가 될 수 있었을까요. 우선 사장님의 심경은 다음과 같이 변화했을 것입니다.

'이 사람에게 맡겨도 괜찮은 걸까

(제대로 생각할 수 있는 사람일까)?'

↓

'우수하군(제대로 생각하는 사람이구나).'

그러나 과연, 인재라는 판단만으로 다음 프로젝트를 의뢰했을까요? 지속적인 의뢰를 받고 오랜 시간 관계를 구축하려면 신뢰가 필요합니다. 신뢰를 얻으려면 우수한 것만으로는 부족합니다. 머리가 좋은 것이 전부라면 그저 머리 좋은 사람으로 끝날 뿐, 결과로 이어지지 않을 가능성이 있다는 뜻이죠. 신뢰가 생기는 순간의 심경은 이런 것입니다.

'이 사람, **우리를 위해 제대로 생각해 주고** 있구나.'

상대방이 이런 마음을 가졌을 때 비로소 신뢰가 생겨 오랜 관계로 이어지는 것입니다. 부동산 영업을 예로 들어 보죠. '이 사람, 자기 실적을 위해 열심히 영업하는 중이구나'라는 느낌을 받는다면 과연 그 사람에게 계약을 맡기고 싶을까요? 열심히 하는 직원일 수는 있지만, 정말로 나를 생각해 주고 있는지, 신뢰보다는 의심이 먼저 생기겠죠. 이에 반해, '이 사람 진심으로 나를 생각해 주고 있어'라는 인상을 받으면 그 사람과 계약하고 싶어질뿐더러 다음에 이사할 때도 이 사람에게 부탁해야겠다고 생각하지 않을까요?

비즈니스 현장뿐 아니라 개인적인 생활에서도 대부분 사람은 진심으로 생각해 주는 이와 오랫동안 관계를 유지하고 싶어 합니다. 이 책을 통해 전하고자 하는 것은 '괜찮을까?'에서 '제대로 생각할 줄 아는 사람이구나'를 거쳐 '진심으로 날 생각해 주고 있잖아'의 수준까지 신뢰를 끌어올려 상대방의 마음을 움직이는 방법입니다.

'어떻게 생각해?'라는 질문에 어떻게 답할까?

자, 오래 기다리셨습니다. 이쯤에서 프롤로그에서 드렸던 문제의 해답을 공개하겠습니다.

(문제 2)
"파란 옷이랑 하얀 옷 중에 뭐가 나은 것 같아?"
데이트 중 쇼핑을 하다 이런 질문을 들으면 당신은 어떻게 대답하겠습니까?

일 잘하는 사람의 말은
이렇게 시작합니다

이것은 제가 아내와 쇼핑할 때 종종 들었던 질문입니다. 파트너에게 이런 질문으로 선택을 종용당하는 일은 꽤 흔하죠. 처음에 저는 아무 생각 없이 "하얀 옷이 나은 것 같네" 같은 대답을 했습니다. 그쪽이 제 취향에 더 맞았으니까요. 하지만 왠지 아내의 기분이 그리 좋지 않아 보였습니다. 그 이유가 짐작되시나요? '어느 쪽이 낫냐'는 질문에 솔직한 자기 생각을 말하면 안 되는 걸까요? 이런 찰나의 상황에서 생각할 줄 아는 사람인지가 드러나고, 제대로 생각하는 사람과 그렇지 않은 사람의 차이가 생깁니다.

예컨대 상사와의 회의나 클라이언트와의 미팅에서 "어떻게 생각합니까?"라는 질문이 날아오면 어떻게 답하시겠습니까? '프리 토크' 속 우연한 순간에서, 지성이 드러나기 마련입니다.

원래의 이야기로 돌아가 보죠. 위의 질문에 어떻게 답할 것인가. 가장 적절한 대답은 **"하얀 옷과 파란 옷, 각각의 어떤 면이 마음에 들었어?"**입니다. 과거의 저처럼 하얀 옷이 낫다고 솔직하게 답했을 때, 아내와의 대화는 이렇게 흘러갑니다.

아내   파란 옷이랑 하얀 옷 중에 뭐가 나은 것 같아?

나   글쎄, 하얀 옷이 낫지 않아?

아내   그래?… 흠….

물론 "둘 다 잘 어울려!"라고 답하는 방법도 있을 수 있겠죠.

아내	파란 옷이랑 하얀 옷 중에 뭐가 나은 것 같아?
나	둘 다 잘 어울려!
아내	아, 응. 고마워….

하지만 "하얀 옷과 파란 옷, 각각의 어떤 점이 마음에 들었어?" 하고 되묻는다면,

아내	파란 옷이랑 하얀 옷 중에 뭐가 나은 것 같아?
나	하얀 옷과 파란 옷, 각각의 어떤 점이 마음에 들었어?
아내	디자인은 파란 옷이 예쁜데 이번에 여행 가서 입으려면 흰색이 나은 것 같아서….
나	솔직히 어느 쪽이 더 끌리는데?
아내	파란색이 더 취향이긴 한데….
나	이번에 여행할 곳이랑은 파란색도 잘 어울릴 것 같은데? 파란색이 다양한 장소에서 입기 좋아 보여.
아내	그런가? 고마워!

아내에게 예전에 좋아하는 색을 솔직히 말했을 때 왜 기분이 별로였는지 물어봤습니다. 그러자 "제대로 날 생각해 주지 않는 것 같아서"라는 답이 돌아왔습니다. 개인적인 생활에서도 마찬가지입니다. 친구 관계든, 연인 관계든, '이 사람은 진심으로 나를 생각해 주

고 있구나'라고 느껴지면 더 이야기하고 싶은 마음이 듭니다. 컨설턴트로 일하며 익힌 커뮤니케이션 능력(사회적 지성)이 일상생활에도 적용된다는 사실을 깨달은 순간이었습니다.

참고로 "파란 옷이랑 하얀 옷 중에 뭐가 나은 것 같아?"라는 질문에 "요즘 트렌드를 생각하면 말이지…" 하고 자신의 지식을 과시하는 사람이 있습니다. 이제 눈치채셨죠? 그것이 바로 전형적인 '영리한 척'입니다.

사람은 자신을 진심으로
생각해 주는 사람을 신뢰한다.

일 잘하는 사람은 '논파'하지 않는다

04

일단 논파하려는 사람

최근 일본에서 자신의 논리를 펴서 다른 이의 주장이나 의견을 꺾는다는 뜻의 '논파'라는 말이 널리 쓰이기 시작했습니다. '논파 쇼'라는 포맷의 프로그램이 텔레비전과 인터넷 방송에 자주 등장하고 '나왔다, 논파'라는 말이 유행하고 있으니 그 영향도 있겠지요.

하지만 논파하려 드는 이는 결코 일 잘하는 사람이라 할 수 없습니다. 설령 논파에 성공했다 해도 신뢰를 얻기는커녕 원한을 살 수 있을뿐더러, 논리적으로 설득했다 한들 사람의 마음을 움직일 수는 없기 때문입니다. 그런 텔레비전 프로그램의 목적은 논의를 통해 좋은 해결책을 도출하는 것이 아니라 어디까지나 '쇼'로서, 시청자에게 프로레슬링처럼 엎치락덮치락 하는 모습을 보여주는 데 있습니다. 그런 쇼의 영향을 받아 타인과 논의할 때마다 상대방을 논파하려 드는 것은 마치 프로레슬링 경기를 보고 일상생활에서 느닷없이 프로레슬링 기술을 거는 일과 같습니다. 친한 친구 사이라면 장난으로 끝날지도 모르지만, 비즈니스 현장에서는 경멸을 받을 뿐이죠. 일 잘하는 사람은 결코 논파하려 들지 않습니다. 논의는 하지만 이기고 짐에 연연하지 않고 이야기를 발전시켜 일을 진척시키는 것에 집중하죠. 컨설턴트로 일할 때도 이런 말을 자주 들었습니다.

"사람과 싸우지 말라, 과제와 싸워라."

클레임 응대 달인들의 특징

"클레임에 응대하는 방식을 보면 그 사람의 업무 능력을 알 수 있다."

제 지인도 이런 주장을 하는 사람 중 한 명입니다. 그는 가구점의 사원으로 일했는데, 클레임 응대가 매상에 직접적인 영향을 주지 않는다는 생각에 꺼리는 사람이 많았다고 합니다. 그렇기에 더더욱, 클레임 응대가 능숙한 사람이 아르바이트생에게도 상사에게도 두터운 신뢰를 얻어 성공한다고 하더군요. 어느 날, 가게 문을 닫기 직전에 전화를 받았다고 합니다.

고객	방금 찬장이 배달됐는데 서랍 바닥에 작은 흠집이 있어. 당장
	와서 바꿔 놔!

　고객은 많이 화가 난 듯했습니다. 들자 하니 택배 기사의 태도가 매우 불친절했다더군요. 재고를 확인하니 당장 가져갈 수 있는 물건이 없었고, 바로 주문해도 4일은 기다려야 하는 상황이었습니다. 이 사실을 전하니, 고객은 말도 안 되는 소리라며 당장 가져오라고 크게 화를 냈습니다. 하지만 그렇다고 한들 상품이 없으니 고객의 요청을 들어줄 수가 없었죠.

　이 경우, 클레임 응대가 서툰 사람이라면 '현실적으로 불가능하니 어쩔 수 없다'라는 이유를 들어 고객을 설득하려 들겠죠. 그러면 고객과 대립하는 구조가 형성되고 원활한 대화는 더욱 어려워집니다. 그러나 그는 설득하는 대신, 고객의 이야기를 경청했습니다. 그 결과 이런 대화가 오가게 되었죠.

사원	내일은 출근하시나요?
고객	안 해, 내일부터 3일 동안 연휴라고. 가족끼리 여행 가기로 해
	서 애들도 다 기대하고 있단 말이야. 그러니까 당장 가져와!
사원	그러시군요. 그래서 오늘 꼭 받으시려고….
고객	옛날 찬장에서 다섯 식구가 쓰는 식기를 다 꺼내서 기다리고
	있었다고.

그는 비로소 고객이 왜 이렇게까지 크게 화를 냈는지 알게 되었습니다. 찬장의 흠집 혹은 택배 기사의 태도에 화가 난 것이 아니라 찬장을 새로 바꾸고 개운한 마음으로 가족 여행을 떠나려 했던 기분을 망쳤다는 사실에 화가 난 것이었죠. 이것이 손님이 안고 있는 본질적인 과제였습니다. 그러나 찬장의 재고가 없는 것 또한 어쩔 수 없는 사실입니다. 우선 그는 근처 점포에서 최대한 상태가 좋은 전시용 서랍을 구해 그 서랍과 함께 어떤 물건을 사서 고객의 집에 방문합니다. 그럼, 여기서 문제입니다.

(문제 3)

화가 난 고객의 집을 방문할 때 그가 서랍과 함께 들고 간 것은 무엇일까?

만약 여러분이라면 어땠을까요? 정답은 아이들이 좋아하는 캐릭터 과자와 젤리 세트였습니다. 그리고 이렇게 말했습니다.

사원 최대한 상태가 좋은 서랍을 다른 가게에서 받아 왔습니다. 이건 전시품이지만 새로운 상품을 최대한 빨리 받으시게 조치해 두었습니다. 그리고 이거, 괜찮으시면 여행 가시는 길에 드세요.

그는 개운한 기분으로 여행을 떠나고 싶었던 고객의 마음을 헤아려 더 즐거운 여행을 할 수 있도록 과자 선물을 준비했던 것입니다.

일 잘하는 사람의 말은
이렇게 시작합니다

그랬더니 고객은 금세 기분이 풀려 고맙다고 인사했고 결국 새로운 서랍으로 교환할 필요 없이 그대로 전시품을 쓰겠다며 양해해 줬다고 합니다.

이기고 지는 것에 연연하지 않는다

만약 그가 당장 교환 상품을 가져갈 수 없는 이유를 대며 논리적인 설명만 했다면 결과는 어떻게 됐을까요? 아마 그 고객은 이해는 커녕 더 크게 화를 냈을 것입니다. **일 잘하는 사람은 논의할 때 본질적인 과제를 파악합니다.** 논의가 이뤄진다는 것은 그 사람의 마음 깊숙한 곳에 무언가 원하는 바가 있다는 뜻입니다. 그는 고객의 마음 깊숙한 곳에 있는 '개운한 기분으로 여행을 떠나고 싶다'라는 생각을 파악했고 그 과제를 해결하기 위해 바삐 움직였습니다. 결과적으로 과잣값이 들기는 했지만, 새 상품으로 교환할 필요 없이 끝났으니 적은 비용으로 상황을 해결했습니다. 서툴게 대응해 상대방을 격양시켰다면 그 고객이 평생 다시 가게를 방문하지 않았을 가능성도 있으니 장기적으로 보면 과잣값만으로 회사에 이익을 가져온 셈이죠. **제대로 생각하고 말한다는 것은 '상대방이 하는 말을 통해 그 속에 숨겨진 마음을 상상하며 대화한다는 뜻'**이기도 합니다. 그리고 이는 학습적 지성이 아니라 사회적 지성에서 비롯됩니다.

사람과 싸우지 마라,

과제와 싸워라.

말만 그럴듯하게
하지 마라

말만 그럴듯하게 해서는 마음을 움직일 수 없다

> 문제 4

"나 너 좋아해. 나랑 사귀자."

"미안."

당신의 친구가 좋아하는 사람에게 이런 고백을 하고 차였다고 해볼까
요? 친구가 차인 원인은 어디에 있을까요?

① 고백하는 방법에 원인이 있다

② 고백하기 전의 모습에 원인이 있다

어지간히 특별한 경우가 아니라면 답은 ②번일 것입니다. 그런데도 '고백하는 방법이 잘못됐던 것 같아'라는 생각에 필사적으로 '고백 잘하는 법'이나 '러브레터 잘 쓰는 법' 같은 걸 배우려는 사람들이 많습니다. 좋아하는 마음이 큰 만큼 '내 마음을 전하고 싶어'라는 생각에 필사적으로 애쓰게 되는 것은 물론 이해합니다. 하지만 로맨틱한 고백이나 감동적인 편지를 쓴다 해도 "미안"이라는 답이 돌아오는 것은 똑같지 않을까요? 근사한 고백을 하면 "고마워, 그렇게 생각해 주는 건 정말 기뻐"라든지 "네가 별로라는 뜻은 아니야" 같은 말을 덧붙일 가능성은 있겠죠. 하지만 진심이 전달됐다고 해서 상대방의 마음이 움직이는 것은 아닙니다. 결과는 달라지지 않죠.

형식을 익히면 전달이 될까?

이처럼 연애를 예로 들었을 때는 말하는 방식이 중요한 것이 아님을 쉽게 이해하는 반면, 비즈니스와 관련해서는 '대체 왜 제대로 전달이 안 되는 걸까'라며 '말하는 방식'을 멋지게 바꾸는 것에 온 신경을 쏟는 사람이 많습니다.

서점의 자기계발 분야 코너에 가면 화법에 관한 많은 책이 진열되어 있습니다. 성실한 사람일수록 이런 책을 읽으며 말하는 방식을 바꾸려 하죠. 저도 말하는 방식이나 잡담을 나누는 능력, 설명하는 기술에 관한 책들을 사서 읽어 봤는데 이들 대부분은 '형식'이나 '룰'에 대한 내용을 다루고 있었습니다. 그 형식을 갖추기만 하면 제대로 전달될 것 같은 기분이 들죠. 왠지 세련되게 표현하고 머리가 좋아 보이게 설명할 수 있을 것만 같습니다. 같은 내용이라도 말하는 방식만 바꾸면 제대로 전달될 듯한 느낌이 들죠.

하지만 실제로 해 봤는데 전달되지 않았다…. 전달은 했으나 마음이 움직이지는 않았다…. 이 같은 일이 왕왕 일어납니다. 형식을 갖추면 마치 제대로 생각한 것 같은 기분이 듭니다. 그러나 실제로는 **형식을 갖췄다고 해서 '생각한 것'이 되지는 않습니다.** '형식만 갖추면 잘 전달된다'라는 말은 '형식만 갖추면 되기 때문에 생각하는 수고를 덜 수 있다'라는 말과 마찬가지입니다. 가령, 형식을 갖춰 언뜻 훌륭해 보이는 프레젠테이션을 했다고 해도 제대로 생각하는 과정을 거치지 않으면 이어지는 질의응답 시간에 적절한 답변을 하지 못해 허점이 다 드러나 버립니다.

신뢰가 싹트는 것은 프레젠테이션을 능숙하게 해낸 순간이 아니라, 프레젠테이션 후에 이뤄지는 쌍방향 커뮤니케이션에서 생기죠. 세미나 또한 질의응답 시간이 길게 이어져 참가자들과의 소통이 깊어질수록 만족도가 높아집니다. 바로 여기에서 제대로 생각했는가 그렇지 않은가의 차이가 드러나죠.

잡다하게 늘어놓을 수 없는 '잡담'은 안 해도 된다

카피라이터인 다니야마 마사카즈 씨는 '기획서만 잘 쓰는 사람이 되어서는 안 된다'라고 말했습니다. 기획에 자신이 없는 상태에서 양식을 잘 갖춘 기획서를 쓰려고 하다 보면 '실제로 생각하지 않은 부분도 생각한 것처럼 쓰거나 그렇게 보이도록 꾸며내기 마련이다'라고요. 다니야마 씨는 무조건, 좋은 기획을 고안해 내는 능력을 먼저 몸에 익히는 것이 중요하다고 말합니다.

말하는 방식도 마찬가지입니다. 설명하는 기술을 소개하는 책에는 30~40가지 형식이 실려 있곤 한데, 그 많은 형식을 기억할 정도라면 다른 유용한 정보를 기억하는 편이 낫습니다. 어떤 잡지는 60가지나 되는 룰을 소개하더군요. 그렇게 룰이 많은 이야기는 결코 '잡'담이라 할 수 없습니다. **잡다하게 늘어놓을 수 없는 잡담은 굳이 하지 않아도 됩니다.**

물론, 잡담을 통해 아이디어가 탄생하기도 하고 예상치 못한 공감대가 형성되어 자리가 더 즐거워지는 일도 많습니다. 다만, 그렇게 밀도 높은 잡담이 가능해지려면 커뮤니케이션 경험과 평소의 생각들이 충분히 축적되어 있어야 합니다. 세미나 강사처럼 말하는 것 자체가 직업인 사람이라면 다르겠지만 일반인의 경우, 제대로 생각할 수 있다면 대화할 때 그 생각을 풀기만 하면 됩니다. 형식이나 룰을 몇십 개씩 외울 필요는 없어요. 물론 제대로 생각할 줄 아는 상태에서 말하는 방식까지 연구한다면 전달력이 좋아질 확률이 높겠죠. 실제로 저는 컨설팅 회사에 들어간 직후에 상사에게 커뮤니케이션과 관련해 이런 이야기를 들었습니다.

"입 다물고 있어도 돼. 오히려 적극적으로 침묵했으면 해."

'커뮤니케이션 능력이 높다 = 말을 잘한다'라고 생각하고 있었기 때문에 놀라기도 했지만, 동시에 말주변이 없는 저는 다소 안심했습니다. 이 말을 상사에게 했더니 이런 답이 돌아왔습니다.

"말투에는 신경을 써야겠지만, 말을 잘할 필요는 없어."

이 말에 담긴 진짜 뜻을 신입 시절에는 이해하지 못했습니다. 솔직히 말해 '능숙하게 말하는 게 좋은 것 아닌가'라고 생각했죠. 하지만 지금은 이 말의 의미를 잘 압니다. 물론, 좋은 언변이 나쁘다는 뜻은 아닙니다. 능숙한 언변이라는 목표가 의미 없을 뿐 아니라, 때에 따라 역효과를 낼 수 있다는 말이죠. 왜냐하면 언변이 좋으면 쉽게 '똑똑한 척'을 할 수 있기 때문입니다. 학생이라면 그 자리의 분위기나 귀여움으로 적당히 넘어갈 수 있을지도 모르죠. 하지만 표면적인 커뮤니케이션으로 어찌어찌 무마하는 것은 젊은 시절에나 가능한 일이고, 나이를 먹을수록 통하지 않습니다.

여러분이 잊지 않았으면 하는 점은 설령 달변가처럼 말을 잘하게 되더라도 기대하는 결과를 얻어내기는 쉽지 않다는 사실입니다. 코미디언들이 하는 웃긴 이야기를 그대로 흉내 낸다고 해서 진짜 코미디언들처럼 폭소를 불러일으킬 수는 없는 것처럼 말이죠.

성실한 사람일수록 빠지기 쉬운 '테크닉의 딜레마'

이제 말만 잘하는 것은 더는 절대 통하지 않는 시대입니다. 알맹이 없는 정치인의 발언은 SNS에서 비웃음을 사고 개그 소재로 전락하고 맙니다. 예전이었다면 표면에 드러나지 않았을 연예인이나 유명 기업인의 실언도 여지없이 발각되죠. 소규모 강의에서 농담 삼아 했던 말 한마디가 눈 깜짝할 새에 SNS로 퍼져 공개적으로 사죄하는 신세가 되기도 하고요. 온라인에서 난리가 나고 나서야 '왜 그런 말을 했을까?' 하고 후회하는 사람도 있겠죠. 인간이 항상 긴장감을 유지하기란 여간 쉽지 않은 일이므로 아무리 말을 조심하려고 해도 평소 생각이 드러나는 순간이 생기기 마련입니다. 그런 것들이 SNS를 통해 퍼져 우리 눈에 들어오게 되죠.

비즈니스에서도, 일상생활에서도 누군가와 오랜 시간 관계를 맺기 위해서는 신뢰 기반이 있어야만 합니다. 사회인이 된 후에 요구되는 '좋은 머리'도 신뢰를 동반해야 비로소 성립됩니다. 저도 신입 시절에는 주변 사람들에게 영리해 보이고 싶다는 욕심 때문에 필사적으로 영리한 척을 하던 시기가 있었습니다. 정확하게 말하면 영리한 척과 정말로 영리한 것 사이의 차이조차 모른 채 무턱대고 열심히만 했을 뿐이지만요. 하지만 어느 순간 클라이언트에게 이런 말을 듣게 되었습니다.

"아다치 씨, 그럴싸하게 포장하지 말고 확실히 얘기해요."

영리한 척은 하면 할수록 바보 같아 보일 뿐입니다. 요령 좋게 넘어갔다는 건 본인의 생각일 뿐 금세 들통납니다. 특히 일 잘하는 사람에게는요. 말하는 방식만으로는 신뢰를 얻을 수 없습니다. 나중이되어서야 깨달았지만, 그때 저는 테크닉에 의존할 때 겪기 쉬운 딜레마에 빠져 있었습니다. 한 예로, 대화 및 경청의 기술을 논하는 책에 자주 등장하는 '앵무새 화법'이 있죠. 이는 상대방의 이야기에 '귀를 기울이고 있다', '공감하고 있다'를 상기시키는 무척 중요한 기술입니다. 그렇지만 상상해 보세요. 상대방이 매번 앵무새 화법을 쓴다면 어떤 느낌이 들까요? '이 사람 제대로 듣고 있는 것 맞아?', '날바보 취급하는 거야?' 이런 생각이 들지 않을까요? 이야기를 경청하고 있다는 걸 보여 주려다 반대로 '듣고 있지 않다'라는 의심을 받고 영리하게 보이려다 바보 취급을 당합니다. 이런 것들이야말로 성실한 사람들일수록 빠지기 쉬운 테크닉의 딜레마입니다.

다시 말하지만, 말하기 전에 제대로 생각한다는 것은 형식을 갖춘다는 뜻도, 기술적으로 영리한 척을 한다는 의미도 아닙니다. 물론 형식에 기대고 싶을 때도 있겠지요. 중요한 것은 **'형식'이란 어디까지나 생각을 위한 '계기'에 지나지 않는다는 사실입니다.** 형식을 갖춰 자기 의견의 결점을 파악할 수 있다면 더욱 깊이 사고하는 데 도움이 될 테죠. 하지만 **'상대방에게 제대로 전달되지 않을 때는 사고력이 부족했다고 생각한다.'** 이것이 실제로 일 잘하는 사람들의 마음가짐입니다.

제대로 전달되지 않는 것은
말하는 방식의 문제가 아니라
사고력이 부족하기 때문이다.

지식이 '지성'으로
바뀌는 순간

일 잘하는 사람은 '모르는 척'을 한다

제게 일의 진수를 가르쳐 준 A 씨의 이야기를 해보려 합니다. A 씨는 두뇌가 명석하여 회사 사람들에게도, 클라이언트에게도 인정받았습니다. 마케팅에 대한 이해도가 무척 높았고 책도 집필해 강연을 열면 늘 만원일 정도의 인기인이었죠. 그런데도 그는 클라이언트 앞에서 자신의 능력과 지식을 과시하기는커녕 '모르는 척'으로 일관했습니다. 저는 그의 언동을 통해 진정으로 일 잘하는 사람은 영리한 척이 아닌 '모르는 척'을 할 수 있는 사람이라는 사실을 배웠습니다. 그 예로, 한 회사의 마케팅 책임자와 A 씨의 미팅에서는 이런 이야기가 오갔습니다.

책임자	아다치 씨에게 A 씨의 이야기를 전해 듣고 꼭 한 번 대화를 나눠보고 싶었습니다.
A	감사합니다.
책임자	지난달에 신상품을 출시해서 보도자료도 내고 사이트까지 마련했는데 좀처럼 반응이 없습니다. 사이트로 문의가 조금 들어온 게 다예요.
A	아, 반응이 없었다고요.
책임자	꽤 열심히 준비했는데 말이죠.
A	여기에 적힌 '세 가지 장점'이 셀링 포인트인가요?
책임자	네, 그렇습니다.
A	그렇군요.
책임자	뭔가 걸리는 부분이 있나요?
A	아뇨. 실례가 아니라면 여러분은 어디에 문제가 있다고 생각하시나요?

A 씨는 클라이언트가 건넨 보도자료의 문제점을 한눈에 간파했습니다. 하지만 아무 말도 하지 않았습니다. 오히려 그의 요청에 따라 클라이언트가 입을 열게 했죠.

책임자	현재 저희가 생각하기로는 차별화에 실패한 것 같습니다.
A	어느 부분이 경쟁사와 다른가요?

책임자	여기 이 '압도적 품질'이라는 부분입니다.
A	… 구체적으로 품질이 어떻게 다르죠?
책임자	아… 그건…. 어, 저도 자세히는 모릅니다만…. 저기, 담당자 좀 불러와 봐.

담당자가 왔지만, 그 역시 비슷한 태도였습니다.

A	이 부분을 조금 더 자세히 설명해 주실 수 있습니까?
담당자	역시 이 설명만으로는 부족한가요?
A	아뇨, 좀 궁금한 것뿐입니다.
책임자	이봐, 이 설명만으로는 이해가 안 된다고.
담당자	그렇군요….
A	네, 조금 더 친절하게 설명해 주시면 좋을 것 같은데요.

그저 클라이언트에게 하나하나 짚어가며 질문을 했을 뿐인데, 결과적으로는 클라이언트인 책임자와 담당자가 문제를 스스로 해결해 "이렇게 하면 되겠네요"라며 만족한 채 돌아가는 신기한 일이 벌어졌습니다. 얼마 후, 클라이언트로부터 메일이 왔습니다. 메일에는 A 씨는 지적이며 신뢰할 수 있는 사람이라는 평가와 함께 그를 소개해 준 것에 대한 감사의 인사가 담겨 있었습니다.

일 잘하는 사람의 말은
이렇게 시작합니다

쉽게 조언하지 마라

하지만 그 자리에서 A 씨는 자신의 의견을 거의 말하지 않았습니다. 전문 분야인 마케팅 지식과 클라이언트의 의문점에 대한 대답을 알고 있었지만, 대부분 시간을 상대방의 이야기를 듣는 것에 집중했습니다. 책임자와 담당자의 마케팅 의견을 듣고 이해한 후 자신의 의견을 조금 덧붙인 것이 다였죠. 컨설팅 회사에 들어간 초기에 철저하게 교육받은 내용이 있습니다.

"쉽게 조언하지 마라, 의견을 말하지 마라, 최대한 상대방이 말하게 하라."

컨설턴트는 조언을 하는 직업이라고 생각하던 저는 깜짝 놀랐습니다. 인간은 자신의 이야기를 하고 싶어 하는 생물입니다. 지식이 있으면 자랑하고 싶어 하죠. A 씨의 마케팅 지식은 상대방보다 압도적으로 풍부했습니다. 그러니 대화 중 얼마든지 '마케팅이란 이래야 한다'라는 말을 늘어놓을 수 있었죠. 그러나 A 씨는 그렇게 하지 않았습니다. 왜 그랬을까요? 바로 이런 이유에서입니다.

지식은 보여 주기 위한 것이 아니며 누군가를 위해 사용할 때 비로소 '지성'이 됩니다. A 씨는 마케팅 지식을 클라이언트보다 훨씬 많이 알고 있었지만, 그 지식이 상대방에게 꼭 필요하다고 단언할 수는 없습니다. 그래서 A 씨는 '정말로 상대방을 위하는 것은 무엇일까?'를 생각하며 이야기를 들었을 것입니다. 마케팅 지식을 펼쳐놓으면 클라이언트도 만족할지 모르지만, 이것이 구체적 행동으로 이어진다고 확신할 수는 없습니다. "이렇게 해야 합니다"라고 해답을 제시해도 상대방에게 와닿지 않으면 마음은 움직이지 않죠. A 씨는 지식을 자랑하듯 드러내는 것이 아니라 '함께 생각하고 스스로 깨닫도록 도움을 주는 방식'을 택한 것입니다. 결과적으로 소개해 준 저까지 큰 신뢰를 얻을 수 있었습니다.

상대를 위해 지식을 사용하라

예를 들어, 커피에 정통한 남성이 있다고 합시다. 그가 여성과 카페에 들어가 메뉴를 보고 있습니다. 여성이 '카페오레'를 골라 주문하려던 찰나,

남자　카페라테랑 카페오레가 어떻게 다른지 알아? 카페오레는 드립 커피와 우유의 비율이 5:5인데 카페라테는 에스프레소와 우유의 비율이 2:8이야.

이런 이야기를 꺼냈다면 이것은 어디까지나 지식을 보여 주는 일

로, 영리한 척에 지나지 않습니다. 하지만 만약 여성이 점원에게 혹시 디카페인은 없는지 물었을 때 이런 말을 했다면 어떨까요?

남자 혹시 카페인이 부담스러우면 카페오레보다 카페라테가 낫지 않을까?

여자 그래?

남자 카페오레보다 카페라테가 카페인이 적을 거야.

이런 경우에는 지식을 보여 주는 것이 아니라 상대방을 위해 지식을 사용하는 일이 되죠. 사람들은 자기 이야기만 하며 지식을 줄줄 늘어놓는 사람에게 지성을 느끼지 못합니다. 중요한 것은 하고 싶은 말이 있을 때 '이것이 상대방에게 도움이 되는가'라는 관점에서 생각하는 태도입니다. 사람들은 대부분 조언할 때 상대방을 위해서라고 말하죠. 다만, 말하기 전에 **잠시 멈춰 '정말로 상대방을 위한 것인가?' 생각해 보면 그저 지식을 과시하며 원하는 말을 하고 싶을 뿐인 자신을 발견할 수 있습니다.** 일 잘하는 사람은 자신을 객관적으로 파악하는 능력이 뛰어납니다. 말하기 전에 상대방의 입장을 고려함으로써 스스로 객관화할 수 있죠.

즉, 말하기 전에 제대로 사고하기란 '앞으로 할 이야기가 정말로 상대방에게 도움이 되는가?' 하는 관점을 지니는 것입니다. 물론 그렇다고 한들, 인간은 자신의 지식을 자랑하고 싶어지기 마련입니다.

일 잘하는 사람이
말하기 전에 생각하는 것

그것은 인간의 기본 욕구 중 하나인 인정 욕구와 관련이 있죠. 이어
서 인정 욕구에 관해 이야기해 보겠습니다.

지식은 다른 사람을 위해 사용할 때
비로소 지성이 된다.

인정 욕구를 제어하는 자가 커뮤니케이션의 강자가 된다

영향력 있는 정치인이 비서에게 내린 지시는?

소통할 때 말을 잘하는 것보다 중요한 포인트가 있습니다. 그것은 '**인정 욕구를 어떻게 제어하는가**'입니다. 도시샤대학의 오타 하지메 교수는 '인간은 다른 사람에게 인정과 존경을 받고 싶어 하는 욕구가 있으며 그에 따라 동기를 부여받는다'라고 설명하며 그것을 호모 리스펙터스(승인인承認人)이라 칭합니다. 오늘날 SNS만 보더라도, 인간이 많든 적든 '인정 욕구'에 의한 동기를 바탕으로 움직인다는 사실은 분명해 보입니다. 인간은 누구나 인정받고 칭찬받고 싶어 합니다. 앞서 언급한 내용처럼 지식을 드러내고 싶어 하는 것도 이 인정 욕구에서 비롯되죠.

이 이야기를 뒤집어 보면 자신의 인정 욕구를 제어하면서 다른 사람의 인정 욕구를 충족시키면 '커뮤니케이션의 강자'가 될 수 있다는 뜻입니다. 주위에서 '카리스마 넘치는 존재'로 불리며 큰 신뢰를 얻는 정치가나 경영자들은 대부분 인정 욕구 제어에 능합니다. 한 예로, 일본의 영향력 있는 정치인 다나카 가쿠에이는 자금을 나눠 줄 때 비서에게 다음과 같이 말했다고 합니다.

> "기억해. 만약 자네가 '내가 당신들에게 돈을 나눠 주는 거야'라는 마음을 티끌만큼이라도 갖고 있다면 반드시 얼굴에 드러날 거야. 상대방은 그걸 백 배, 천 배로 크게 느끼겠지. 아무리 돈을 백만 엔, 2백만 엔 줘도 그 돈은 단 한 푼의 가치도 없어지는 거라고."
> 다나카가 금권정치의 화신으로 불리면서도 미워할 수 없는 캐릭터로 여겨지는 것은 바로 이런 연유에서일 것이다.
>
> 《다나카 가쿠에이 쇼와의 빛과 어둠 昭和の光と闇》 중에서

커뮤니케이션 강자가 되는 두 가지 조건

이처럼, 다나카 가쿠에이는 비서에게 돈을 전달할 때 머리 숙여 정중히 부탁하라고 지시했습니다. 그는 돈을 건네는 행위가 아닌 '후보자의 자존심을 건드리지 않도록' 전하는 것이 중요하다는 사실

을 이해하고 있었을 테죠. 이후 다나카 가쿠에이가 뇌물수수 혐의로 체포되었으니 웃으며 이야기할 에피소드는 아니지만, 그가 높은 지지를 받고 지금까지 일본을 변화시킨 정치가로 평가받는 이유는 짐작할 수 있습니다. 정치가만이 신뢰를 바탕으로 일하는 것은 아닙니다. 그러나 '자기 억제'와 '타인의 인정'의 양립은 그리 쉽지 않죠. 스스로 자제하면서 타인을 칭찬하려면 나름의 정신력이 필요합니다. 특히 인정 욕구를 제어해 커뮤니케이션 강자가 되는 데는 두 가지 조건이 요구됩니다.

강자의 조건 ①　자신감을 가진다

자존감이 낮고, 자신감이 없는 사람은 타인을 쉽게 인정하지 못합니다. 자존감이란 자신을 존중하고 받아들이는 태도를 말합니다. 자존감이 낮으면 스스로 긍정하기 어려워하기 때문에 타인의 인정을 바라게 됩니다. 겉에서 보기에 사회적으로 성공한 사람이라고 해도 자존감이 낮아 '타인의 인정을 바라는 일'밖에 하지 못하는 사람은 '인정 욕구를 바라는 처지'이기 때문에 커뮤니케이션에서는 약자라 할 수 있습니다.

강자의 조건 ②　결과로 자신의 유능함을 보여 준다

"아아, 그렇군요! 대단하네요! 근데 제가요…" 이런 식으로 항상 자신의 이야기만 하려 드는 사람이 있습니다. 상대방의 이야기에 반

일 잘하는 사람의 말은
이렇게 시작합니다

응하는 척하지만 금세 자기 이야기로 끌어들여 버리는 사람 말이죠. 이런 사람은 타인을 인정하면 균형을 잡기 위해 그만큼 자기 이야기를 해야만 직성이 풀립니다. 하지만 이는 자기 어필을 통해 인정받으려는 태도일 뿐, 커뮤니케이션 강자의 태도라고는 볼 수 없습니다. **타인을 칭찬하면서도 자신은 '아무것도 아닌 인간입니다'라는 표정을 짓는 것.** 커뮤니케이션 강자의 태도이자 사람들에게 존경받는 지적인 사람의 태도입니다. 인정 욕구를 제어해 커뮤니케이션 강자가 되기 위해서는 자기 이야기를 통해 남들에게 인정받으려 하기보다, 타인의 인정은 결과적으로 따라오는 것뿐임을 의식할 필요가 있습니다.

카리스마는 어떻게 생겨나는가?

'그럴듯한 말 같지만, 그러다 결국 별거 아닌 녀석이라고 무시만 당하는 거 아냐?'라고 생각하는 분들도 있을 테죠. 그래도 괜찮습니다. 커뮤니케이션 강자는 마음속으로 이렇게 생각합니다. '상대방이 인정받길 원한다면 마음껏 인정해 주자. 다만, 내가 그에게 인정받는가, 아닌가는 내가 그에게 뭘 했는가에 달려 있다'라고요. 타인의 인정은 직함으로 얻을 수 있는 것이 아닙니다. 사장이라고, 임원이라고 해서 다 인정받는 것이 아니죠. 직함만으로 인정하는 사람은 그 지위를 이용하겠다는 흑심이 있는 아부에 능한 사람일 뿐입니다.

그렇다면 사람들은 어떤 상황에서 타인을 인정하게 될까요. 바로 **'친절하게 대해줬을 때'**입니다. 성과를 보여 주고 다른 사람에게 친절을 베풀 수 있는 사람이 타인에게 인정받고 신뢰를 얻습니다. 성과를 낼 줄 알고, 사람들에게 친절을 베풀 수 있는 인물은 서서히 '카리스마를 지닌 인물'로 일컬어집니다. 카리스마는 자칭할 수 있는 것이 아닙니다. 그 사람의 친절을 경험한 많은 이들이 '그 사람은 대단해'라는 말을 퍼뜨리면서 점점 신격화되는 것입니다.

실제로 카리스마를 지닌 인물로 불리는 이들과 직접 만나 보면 무척 느낌이 좋은, 기대 이상으로 다정한 사람인 경우가 많습니다. 유명인을 직접 보고 '의외로 평범했다'라고 말하는 사람들이 있는데 그것이야말로 정말 솔직한 반응이라고 생각합니다.

제가 만난 기업인 중 사원의 인정 욕구를 충족시키는 능력이 탁월한 분이 있었습니다. 그 경영자는 직원 자녀의 수험 날짜까지 기억해 "아들 시험이 걱정되면 오늘은 일찍 들어가 보지 그래?"라는 말을 건네기도 하고 직원 배우자의 생일에 잊지 않고 꽃 배달을 보내기도 하며 타인에게 사소한 친절을 베풉니다. 물론, 의도적으로 하는 일입니다. 하지만 그런 일련의 행동들은 단순한 '형식'일 뿐 아니라 그의 진심입니다. 그 결과 직원들의 입에서 '사장님은 정말 대단해. 카리스마가 느껴져'라는 말이 나오는 것이죠.

이처럼 커뮤니케이션 강자들은 인정 욕구를 충족시키는 편을 자

처해 자연스럽게 신뢰를 얻어갑니다. 출세해서 좋은 직함을 얻으면 그 직함 덕에 인정받는다고 착각하는 사람들이 있습니다. 물론 비즈니스 관계에서는 지위를 보고 다가오는 사람도 있겠죠. 하지만 다른 사람의 신뢰는 직함으로 얻을 수 있는 것이 아니라는 사실을 잊지 말아 주세요. 지위가 있는 사람이 타인에게 친절을 베풀 때 비로소 절대적인 신뢰를 얻게 됩니다. 윗사람은 친절을 베풀고 인정하며, 그를 둘러싼 이들은 충절과 권력의 기반을 제공한다. 이는 고대 로마의 파트로네스(주로 귀족)와 클리엔테스(귀족을 섬기는 자들)의 관계처럼, 일방적인 지배가 아닌 서로 주고받는 '호혜' 관계에서 비롯되는 것입니다.

인정 욕구를
채워 주는 쪽이 되어라.

'지성'과 '신뢰'를 동시에 얻는 7가지 황금 법칙

1. 일단, 반음 하지 마라.

2. 머리가 좋다는 것은 타인 에 의해 결정된다.

3. 사람은 자신을 진심으로 생각해 주는 사람을 신뢰한다.

4. 사람과 싸우지 마라, 과제 와 싸워라.

5. 제대로 전달되지 않았다면 말하는 방식의 문제가 아니라
   사고력 이 부족하기 때문이다.

6. 지식은 다른 사람 을 위해 사용할 때 비로소 지성이 된다.

7. 인정 욕구를 채워 주는 쪽이 되어라.

단번에 일 잘하는
사람이 되는
사고의 심화법

2부

'지성'과 '신뢰'를
동시에 얻는
5가지 사고법

'지성'과 '신뢰'를 동시에 얻는 5가지 사고법

1. 객관화

이야기에 깊이가 없는 사람의 특징

① 근거가 빈약하다. ➡ [   ]에 [   ]를 더하라!

• [   ]과 [   ]을 의식한다.

• [   ]과 [   ]를 찾아본다.

② 언어에 둔감하다. ➡ [   ]를 높여라!

• '문제'와 '과제'처럼 닮은 듯 다른 [   ]를 조사해 차이를 파악한다.

• 업무 중 자주 사용하는 [   ]를 생각한다.

③ 경위를 모른다. ➡ [   ]를 파악하라!

• [   ]을 찾아본다.

• 그 말이 [   ] 확인한다.

2. 정리

이야기를 정리하는 요령

① [　　　　　　]부터 말한다.

- 이 안건의 [　　　　　　]이 무엇인지 묻는다.

- 결론이란 [　　　　　　]이 가장 듣고 싶어 하는 것

- 상대방의 [　　　　　　]를 켜라.

② 사실과 의견을 [　　　　　　]한다.

- 반사적으로 답하지 말고 [　　　　　　]에 [　　　　　　]을 확인한다.

- 증명할 수 있는 [　　　　　　]인가, 스스로 판단한 [　　　　　　]인가?

- [　　　　　　]을 [　　　　　　]처럼 말하지 않는다.

3. 경청

제대로 듣기 위한 5가지 태도

① [　　　　　　]도 [　　　　　　]도 하지 않는다.

② 상대방을 [　　　　　　]하지 않는다.

③ 함부로 [　　　　　　]을 말하지 않는다.

④ [   ] 가 끊기면 침묵한다.

⑤ [   ] 을 총동원한다.

---

4. 질문

본질을 파악하는 질문 기술

도입 질문 ① **과거의 [   ] 에 관한 질문**

• 곤란한 상황을 맞닥뜨렸을 때 어떻게 대응했는가?

도입 질문 ② **가정된 상황에서의 [   ] 에 근거한 질문**

• 만약~ 상황이라면 어떻게 대응하겠는가?

심화 질문 ① [   ] **에 관한 질문**

• 당시의 상황을 구체적으로 설명하라.

심화 질문 ② [   ] **에 관한 질문**

• 그 상황에서 어떤 구체적인 행동을 했는가?

심화 질문 ③ [   ] **에 관한 질문**

• 그렇게 행동한 결과 어떤 변화가 있었는가?

---

5. 언어화

언어화 능력을 높이는 습관

① [   ]을 집중적으로 탐구하라.

② '대박', '미쳤다', '끝내준다' 같은 표현을 [   ]

③ [   ]와 [   ]를 작성한다.

• 커뮤니케이션에 드는 가장 큰 코스트는 [   ]다.

• [   ]이 아웃풋의 질을 결정한다.

• [   ]하라.

➡ 정답은 220쪽에 있습니다.

2부에서는 1부에서 소개한 황금 법칙을 바탕으로, 일 잘하는 사람에게 필요한 사고방식을 소개하겠습니다. 인텔의 전 CEO 앤드루 그로브는 저서 《하이 아웃풋 매니지먼트》에서 '무엇을 할 것인가'만큼 '무엇을 하지 않을 것인가'가 중요하다고 말합니다.

일 잘하는 사람이 되고자 할 때 '무엇을 하지 않을 것인가'는 '무엇을 할 것인가'에 못지않게 중요합니다. 그래서 우선 멍청해 보이는 화법을 쓰지 않는 법부터 시작하겠습니다. 멍청해 보이는 화법을 쓰지 않는 방식을 몸에 익히는 것이 바로 '객관화' 사고법입니다. 머리가 좋은 사람은 대체로 객관적으로 사물과 상황을 파악하는 능력이 뛰어납니다. 자신이 하는 이야기를 객관화함으로써 사고에 깊이를 더하는 방법을 손에 넣어 봅시다.

멍청한 화법부터 버려라: 객관화 사고법

사람이 멍청해 보이는 세 가지 순간

어떤 사람들이 회사에서 이런 대화를 나눕니다.

후배 선배님, 어제 텔레비전을 보니 연봉을 올리려면 영어와 회계 지식이 중요하다더라고요. 어떻게 공부하면 좋을까요?

선배 글쎄… 사토 씨 업무에 영어와 회계 능력은 딱히 필요 없지 않나?

후배 하지만 세계화의 흐름을 생각하면 영어가 중요하다는 건 분명한 사실이잖아요?

선배 중요하지 않다는 말은 아닌데, 애초에 사토 씨 업무가 세계화와 어떤 관련이 있지?

후배　아니 요즘은 왜, 다들 세계화 얘기를 하잖아요. 제 고객들도 '세

계화 추진'에 힘을 쏟아야 한다고 했어요.

선배　부정하진 않겠지만, '세계화 추진'이 뭘 말하는 건데?

후배　그게… 자세한 얘기는 못 들었는데요….

선배　… 그렇구나, 수고해.

선배는 이 후배를 '제대로 사고할 줄 모르는 녀석'이라고 판단했
습니다. 여러분 중에도 대화 내용을 읽고 후배의 생각이 너무 얄팍
하다고 느낀 분이 있을 텐데요. 간혹 사람들의 이야기를 듣다가 '얄
팍하다'라든가 혹은 '깊이가 있다'라든가 하는 인상을 받을 때가 있
지 않나요?

이야기에 깊이가 없는 사람들에게는 다음과 같은 세 가지 특징이
있습니다.

① 근거가 명확하지 않다

② 단어의 '의미 및 정의'를 제대로 생각하지 않고 사용한다

③ 경과를 알지 못한다

이런 특징에 해당할 때 듣는 이들은 대화에 깊이가 없다고 느낍
니다. 하지만 이것은 결코 남의 이야기가 아니며 저를 포함한 모든

일 잘하는 사람의 말은
이렇게 시작합니다

이들이 무심결에 하는 실수이기도 합니다. 그렇기에 더더욱 이 특징들을 의식하는 자세가 중요합니다. 유념할 점은, 주제가 이야기의 깊이를 결정하는 기준이 아니라는 사실입니다. 정치 이야기를 해도 깊이가 없을 수 있습니다. 유명한 아이돌이나 애니메이션에 관한 대화 속에서도 깊이가 느껴지는 사람이 있고요. 방송인 타모리 씨가 '일본 언덕길 학회(자칭)'를 설립했다는 이야기를 듣고 그의 저서를 읽어 보았습니다. 서문에서 그는 처음 도쿄에 와서 '여기는 정말 언덕길이 많은 도시구나'라고 느꼈다는 이야기, 태어나고 자란 집이 긴 언덕길 중턱에 있었다는 사실 등을 언급하며 이렇게 덧붙입니다.

"인간의 사고, 사상을 한마디로 요약하자면 경사의 사고와 평지의 사상으로 나눌 수 있다. 평지의 사상의 예가 바로 하이데거다."

언덕이라는 주제 하나로 여기까지 이야기를 펼쳐 낼 수 있다니, 놀라지 않을 수 없었습니다. '경사에 관한 대담을 하고 싶다'라고 요청한 작가가 있을 정도였다고요. 그렇다고 철학 이야기를 하면 된다는 뜻은 아닙니다. 철학이든, 언덕이든, 아이돌이든, 어떻게 파고 들어가느냐가 중요한 것이죠. 그럼, 하나하나 살펴볼까요.

사소한 정보를 과신하면 멍청해 보인다

후배　선배님, 어제 텔레비전을 보니 연봉을 올리려면 영어와 회계 지식이 중요하다더라고요. 어떻게 공부하면 좋을까요?

선배　글쎄… 사토 씨 업무에 영어와 회계 능력은 딱히 필요 없지 않나?

이 후배는 텔레비전을 보고 얻은 정보만을 믿고 말하는 듯 보입니다. 바로 이것이 이야기에 깊이가 없어 보이는 첫 번째 원인이죠. **근거가 명확하지 않은 정보에 의존하는 것처럼 보이면, 유감스럽게도 그 사람의 말은 얄팍하게 들릴 수밖에 없습니다.** 미디어에 등장하는 정보만을 두고 하는 이야기가 아닙니다.

"내 지인 중에 상장한 기업의 임원이 있는데…"
"도쿄대학을 졸업하고 모건 스탠리에서 펀드매니저로 일하는 ○○씨가…"
"정당의 간부가 편의를 봐줘서 말이야…"
"팔로워가 100만이 넘는 ○○씨가 추천해 줬는데…"

위와 같이 대화에 유명인이나 정치가의 이야기를 끌고 오는 경우

역시 마찬가지죠. 유명인 혹은 지위가 높은 사람이라는 이유만으로 그가 말한 정보가 옳다고 믿는다면 안타깝지만 '이야기에 깊이가 없는 사람'으로 인식되기 쉽습니다. '유명한 TV 프로그램에 등장했다', '유명인이 소개했다'처럼 크든 작든, 권위를 끌어들여 설득 및 흥정하는 경우도 있지만, 문제는 '그 권위자들이 왜 그런 말을 했는지 이유도 모른 채 인용하는 것'에 있습니다. 이는 사람들이 길게 줄을 서 있는 모습을 보고 영문도 모르면서 덩달아 줄을 서는 것과 다름없는 행동입니다.

이유도 모른 채 내뱉는 말은 그저 남의 말을 빌려 늘어놓고 있을 뿐 본인의 의견은 없다는 인상을 줍니다. 특히 비즈니스 현장에서 이렇다 할 실적도 내지 못하며 이런 말만 반복하면 생각이 얕팍하다는 평가를 받을 뿐 아니라 이 사람의 이야기는 들을 가치가 없다고 여겨집니다.

확신이 지나치면 머리가 나빠 보인다

대화의 깊이가 없어지는 원인은 '인지 편향'과 밀접하게 관계되어 있습니다. 인지 바이어스라고도 칭하는데 바이어스bias란 '치우침, 비뚤어짐, 성향'을 가리키는 말입니다. 인지 편향 즉, 편견 및 선입견, 일방적 확신이 강하면 일 잘하는 사람에게는 이야기가 얕팍하게 들려 제대로 생각하는 게 맞는지 생각하게 됩니다.

일 잘하는 사람은 세상과 사물을 가능한 한 정확하게 객관적으로 파악하고자 합니다. 최선을 다해 편향을 의식하려고 하죠. 누구나 인지 편향을 가지고 있습니다. 그렇기에 오히려, 편향을 의식하는 것만으로 '제대로 생각하는 사람'이 될 수 있습니다. 인지 편향은 종류가 무척 다양하지만, 여기에서는 말하기 전에 특히 주의해야 할 두 가지를 소개하겠습니다.

말하기 전 주의! ① 확증 편향

확증 편향이란 자기 편의에 맞는 정보만을 수집하고 자신에게 불편한 정보는 무시하는 경향을 뜻합니다. 인간은 보고 싶은 세상만을 봅니다. 예를 들어 누군가를 보고 '저 사람 뭔가 수상쩍어'라는 생각이 들었다고 합시다. 그러면 그 사람의 수상한 몸짓이나 언행에만 유독 눈이 가게 되죠. 이 또한 확증 편향에 의한 것입니다.

인간은 자신의 직감이 옳다고 믿고 싶어 하는 생물입니다. 그래야 편하니까요. 실제로 직감이 옳다는 사실을 뒷받침하는 정보는 멋대로 수집하는 한편, 직감과 다른 정보는 넘기곤 합니다. 근거가 탄탄하지 않은 이야기가 얄팍하게 들리는 것은 '자기한테 편리한 정보만 모으니까 그런 거 아냐?', '당신 혼자만 그렇게 믿고 있는 것 같은데?' 같은 생각이 들기 때문이죠. 본인은 의견을 펼치고 있다고 생각하지만, 듣는 사람에게는 개인적 직감을 늘어놓는 것에 지나지 않습니다. 한마디로 감상의 영역을 넘어서지 못하는 것이죠.

앞서 등장한 선배와 후배의 대화에서 후배는 원래부터 '영어나 회계 지식이 연봉을 올린다'라고 믿고 있을 가능성이 높습니다. 그러다 텔레비전을 보고 '역시나 내 생각이 맞았어!'라고 판단해 선배에게 저런 이야기를 했겠죠. 다만, 듣고 있던 선배는 '정말 그럴까? 꽤 그럴듯하게 들리지만, 영어나 회계를 공부하지 않고도 연봉을 올리는 방법이 있을 것 같은데?'라고 생각했을 것입니다.

말하기 전에 주의! ② 사후 확신 편향

어떤 연예인 부부가 이혼을 발표했습니다. 그럴 때 이렇게 말하는 사람이 꼭 있죠.

"난 결혼할 때부터 저 둘이 이혼할 줄 알았다니까!"

이런 사람들, 조직에서도 자주 봅니다. 좀처럼 성과를 내지 못하던 신입 사원의 꾸준한 노력이 열매를 맺어 훌륭한 실적을 내며 출세 가도에 올랐다고 합시다. 그럼, 그 사람에게 작은 도움을 줬던 선배가 이런 말을 합니다.

"입사했을 때부터 봐 왔는데 난 분명 나중에 잘될 줄 알았다니까. 완전 신입 시절에 그 사람이 인사를 하는데…"

사후 확신 편향이란 결과를 다 알고 난 후에 판단해 놓고, 마치 예전부터 예측했던 것처럼 생각하는 심리 상태를 말합니다. 다른 말로 표현하면 '평론가적 사고'라고도 할 수 있죠.

"난 그 프로젝트 실패할 줄 알았어."
"그 사람 처음 만났을 때부터 수상쩍더라니까."
"어쩐지 어릴 때부터 남다르더라고."

결과를 알고 난 후에는 무슨 말이든 쉽게 할 수 있습니다. 결과에 맞춰 이야기하면 주위 사람들도 '그렇구나' 하고 듣게 되겠죠. 정말로 후배가 나중에 성공해 출세할 줄 알았다면 성공하기 전에 말해주면 될 일입니다. "지금 당장은 잘 안 풀릴지 몰라도 넌 분명 성공할 테니까 열심히 해"라고요. 그러면 그 후배가 출세한 후 이렇게 말하겠죠.

"사실 제가 일이 안 풀려 힘들 때 선배님이 격려해 주셨거든요."

확증 편향도, 사후 확신 편향도 본인은 제대로 생각하고 있다고 믿기 쉽지만, 전형적인 영리한 척이기에 이런 식의 발언을 하지 않도록 말하기 전에 잠시 멈춰 의식하는 것이 중요합니다.

이야기에 깊이를 더하는 두 가지 요령

그럼, 말하기 전에 잠시 멈춰 편향을 의식한 다음에는 어떻게 하면 좋을까요? 여기에서는 얄팍한 이야기에 깊이를 더하는 두 가지 요령을 소개하겠습니다. 앞에서 "선배님, 어제 텔레비전을 보니 연봉을 올리려면…"이라고 말했던 후배를 다시 떠올려 주세요. 그 후배가 이렇게 말했다면 어땠을까요?

- 그래서 맞는 말인지 조사해 보니 연봉을 올리기 위해 영어 공부를 해도 소용없다는 사람들도 있더라고요. 왜 이렇게 의견이 다른 걸까요?
- 텔레비전에서 영어 공부를 하면 연봉이 오른다는 얘기가 나오던데 어학 학습 애플리케이션의 조사 결과를 보니 전 세계에서 일본인이 어학 공부에 가장 많은 시간을 할애한대요. 결국 영어 교육 업계에서 마케팅을 위해 하는 이야기인 걸까요?

이렇게 말했다면 어떨까요. 이야기를 조금 더 들어 보고 싶다는 마음이 들지 않을까요? 포인트는 두 가지입니다.

① 자기 의견과 반대되는 주장을 찾아본다
② 통계 자료를 찾아본다

확증 편향은 자신에게 편리한 정보만을 수집하고 불편한 정보는 무의식적으로 무시한다고 설명했는데요. 확증 편향에 빠지지 않도록 의식하면서 **의도적으로 자신에게 불편한 정보를 접하면 사고의 폭을 넓히고 이야기에 깊이를 더할 수 있습니다.** 위 예시에서는 '영어와 회계를 공부하면 연봉이 오른다'와 반대되는 '영어와 회계를 공부한다고 연봉이 오르는 것은 아니다'라는 의견을 찾아봤죠. 이런 식의 조사를 하다 보면 '거주지를 바꾸면 연봉이 오른다' 같은 새로운 주장을 발견할지도 모릅니다. 또한 '어학 학습 애플리케이션의 조사 결과'라는 신뢰할 수 있는 근거를 기반으로 새로운 의견을 제시하니 조금 더 집중할 수 있게 됩니다.

일 잘하는 사람의 자료 검색법

그럼 통계 자료는 어떻게 조사하면 될까요? 조사의 기술은 그 주제만으로 책 한 권의 분량을 채울 수 있을 정도로 방대한 이야기지만, 여기에서는 바로 적용할 수 있는 간단한 팁을 공유하겠습니다. 대부분 사람은 "알아봅시다"라는 이야기를 들으면 검색부터 시작하겠죠. 여기에서 검색하는 것만 봐도 일 잘하는 사람과 그렇지 못한 사람 사이의 차이를 알 수 있습니다. 일 잘하는 사람은 정확한 통계 자료에 신속하게 도달하기 위해 효율적인 검색 방법을 궁리합니다.

자료는 '출처'가 중요하니까요.

민간기업이 발표하는 숫자는 자신들의 사업에 유리하도록 자체 조사에서 나온 것일 수도 있습니다. 이를테면, 홈쇼핑에서는 시청자들의 구매욕을 자극하는 자료만 사용하죠. 이에 비해 100퍼센트 믿을 수는 없겠으나 대학 혹은 정부 기관에서 발표하는 데이터는 어느 정도 객관성을 갖추고 있습니다. 그러니 처음부터 이런 곳에서 데이터를 찾는 것이 확실하겠죠.

·
·
·

편향을 의식하고,

자신의 의견과 반대되는 주장과

통계 자료를 접함으로써

사고에 깊이를 더하자.

언어에 민감하라

신입 시절 다음과 같은 질문을 했더니 상사가 황당하다는 반응을 보였습니다.

나 　　고객의 문제 해결을 돕는 것이 컨설턴트의 업무죠?

상사 　아다치 씨, 말의 의미를 제대로 알고 얘기하는 거야?

여러분은 이때 상사가 왜 그런 반응을 보였는지 눈치채셨나요?

컨설턴트가 되고 철저히 교육받은 내용이 '명확하게 인식되는 말을 사용하라'라는 것이었습니다. 미팅이 있을 때는 의무적으로 사전을 가지고 다녀야 했죠(당시에는 종이사전 혹은 전자사전을 썼습니다). 이 경험은 컨설턴트로서도, 경영자로서도 여러 업계에서 다양한 가치관을 가진 사람들과 일을 진행할 때 매우 유용하게 활용하고 있습니다. 컨설턴트 선배나 상사뿐 아니라 거래처의 우수한 사람들은 모두 언어의 의미에 민감했습니다. "아다치 씨, 그 말뜻은 이렇게 이해하면 되는 거지?"라고 확인하는 경우가 여러 번 있었죠. 언어 사용에 엄격했던 제 상사는 '커뮤니케이션'이라는 말조차 함부로 쓰지 말고 했습니다.

가령, 회사에서 '사내 커뮤니케이션 빈도를 늘립시다'라는 지시

정의의 인식은 사람마다 다르다

가 내려왔다고 합시다. 이 경우 커뮤니케이션이란 말의 의미는 무엇일까요? 누군가는 '얼굴 보고 하는 대화'라는 뜻으로 받아들여 출근 횟수를 늘릴지 모릅니다. 하지만 또 어떤 사람은 메일이나 메신저도 커뮤니케이션의 일부라고 판단해, 출근은 하지 않고 메신저 채팅의 횟수를 늘릴 수도 있죠. 커뮤니케이션을 '직접 대화하는 것'으로 이해한 사람은 '메일이나 메신저도 포함된다'라고 생각해 출근하지 않는 사람에게 '그 사람은 대체 왜 출근을 안 하는 거야?'라며 불만을 가질 수 있습니다.

언어의 정의에 대한 인식이 어긋남에 따라 문제가 생기는 일은 빈번합니다. '쓰레기 버리기'라는 일상적인 표현만 해도 그렇죠. 아

일 잘하는 사람의 말은
이렇게 시작합니다

내가 남편에게 쓰레기를 버려 달라고 부탁했다고 합시다. 쓰레기 버리기를 '쓰레기봉투에 담긴 쓰레기를 내다 놓는 것'이라고 인식한 남편은 자신이 이해한 대로 쓰레기봉투를 배출 장소에 내다 놓았습니다. 하지만 아내가 '집안의 쓰레기를 다 모아서 쓰레기 배출 장소에 내다 놓고, 빈 쓰레기통에 봉투를 다시 씌워 놓는 것'까지를 쓰레기 버리기라고 인식하고 있다면 그저 담긴 쓰레기를 내다 버리기만 한 남편에게 "제대로 좀 해!"라고 화를 낼 가능성이 얼마든지 있습니다. 일 잘하는 사람은 '이 말을 사용하면 상대방이 어떤 의미로 받아들일지'까지 예상해 단어를 고르고, 정의가 애매한 표현을 삼가거나 단어의 정의를 확실히 전하는 것으로 대화를 시작합니다.

다시 말해 '제대로 생각하고 말하기'란 상대방이 어떤 뜻으로 받아들일지 예상하여 최대한 정의에 어긋나지 않게 말하는 것을 뜻합니다. 최근에 사전을 찾아본 적이 있나요? 나이가 들수록 사전을 찾아볼 기회가 적어질 테죠. 하지만 가치관이 다른 사람들과 의견을 나누는 비즈니스 현장에서는 습관적으로 사전을 찾아보며 말의 의미와 정의에 민감해져야 합니다.

외국어는 영리한 척의 대명사

외국어는 특히 주의가 필요합니다. 외국어 및 외래어의 의미를 제대로 이해하지 못한 채 사용하면 제대로 사고하지 않는 사람으로 보이기 쉽습니다.

발표자   오늘의 디스커션 테마는 타사와의 컬래버레이션을 바탕으로 한 밸류 창출 방법입니다. 리스크와 리턴을 밸런싱해가며 판단했으면 합니다.

외국어를 과하게 사용해 영리한 척하는 사람

일 잘하는 사람의 말은
이렇게 시작합니다

이렇게 말하는 사람을 머리 좋다고 생각하기는 어렵습니다.

- 디스커션은 '토론'을 뜻하는가, '아이디어 도출'을 뜻하는가?
- 컬래버레이션이란 구체적으로 어떤 일을 하는 것인가?
- 리스크는 '위험'인가 '가능성'인가?
- '밸런싱한다'의 의미는 무엇인가?

화자인 본인조차 제대로 의미를 모른 채 이런 말만 쓰면 **'영리한 척하는 멍청이'**로 보일 뿐입니다. 제가 신입 시절 "고객의 문제 해결을 돕는 것이 컨설턴트의 업무죠?"하고 물었을 때 상사가 황당해했던 이유는 문제와 과제의 의미를 제대로 파악하지 않고 말했기 때문이었습니다. 제가 일하던 회사에서는 문제와 과제를 다음과 같이 정의했습니다.

문제: 번거롭거나 성가신 사실과 상황
과제: 해결해야 할 문제

그러니까 원래 제가 해야 했던 말은 "고객의 문제 발견과 과제 해결을 돕는 것이 컨설턴트의 업무죠?"였던 것입니다. 이렇듯 일상적으로 사용하는 단어조차 제대로 된 정의를 생각하지 않고 구사하는 경우가 있습니다. 특히 '과제'와 '문제'처럼 언뜻 비슷해 보이는 말을 적당히 쓰는 버릇을 버리고 차이를 파악하는 자세가 중요합니다. 예전, 네스카페의 캐치 카피로 '차이를 아는 남자'라는 문장이 오랫동안 CF에 사용되었는데, 그야말로 딱 맞는 말입니다.

의견과 감상의 차이는 무엇인가. 고객과 클라이언트의 차이는 무엇인가(컨설팅 회사에서는 고객이라는 말을 사용하지 않고 클라이언트라고 부르도록 철저히 교육합니다). 홍보실과 마케팅팀은 어떻게 다른가 등, 쉽게 접하는 유사어들에 관심을 기울여 사전을 찾아보거나 내부적으로 확실한 정의를 정해 두는 것도 좋은 방법입니다. 참고로 이 책에서는 몇 번인가 '문제'라는 단어를 사용했는데 이 책에서 말하는 '문제'란 '말하기 전에 제대로 생각한다는 것은 무엇인가'를 이해하기 위한 테스트로써의 문제를 뜻합니다.

．
．
．

쉽게 접하는 말들의

미묘한 차이를 의식하라.

'관리'의 정의를 생각해 보자

제가 소속된 조직에서는 '관리'라는 말의 정의를 중요시했습니다. '관리'라는 말을 모르는 사람은 아마 없겠지요. 기업에서도 빈번히 쓰는 말이지만 사실 '관리'는 꽤 난해한 단어로, 사람마다 인식하는 의미 차이가 생기기 쉬운 표현입니다. 그리하여 컨설팅을 진행할 때 '관리란 무엇인가'를 주제로 한 워크숍을 필수적으로 실시하도록 하고, 다음과 같이 순서를 정해 두었습니다.

① '○○ 관리'라는 이름이 붙는 행위를 자유롭게 생각해 최대한 많이 말해 주세요

우선, '관리'라는 말이 들어간 숙어 '○○ 관리'를 최대한 많이 떠올려 보세요. 예산 관리, 인사 관리, 매출 관리, 생산 관리, 진행 관리 재고 관리, 스케줄 관리, 태스크 관리… 대략 이런 대답들이 나오겠죠. 이들은 주로 업무상 사용되는 '관리'입니다. 그러나 개중에는 업무뿐 아니라 개인 생활과 관련된 단어들까지 떠올리는 분들도 있을 테죠. 이를테면 컨디션 관리, 체중 관리, 식단 관리… 같은 것들 말입니다. 이어서 이런 질문을 던져 보겠습니다.

② 모든 '○○ 관리'를 아우르는 관리의 의미가 무엇일지 생각해 보세요

'관리'란 말을 감각적으로만 받아들이는 사람, 다시 말해 제대로 생각하지 않는 사람은 이런 질문이 어렵게 느껴집니다. 특히 회사에서 쓰는 '관리'와 개인 생활에서 쓰는 '관리'의 공통적 정의를 내리는 일은 쉽지 않으니, 제대로 생각해 보는 계기가 되겠죠. 워크숍에 참가한 클라이언트들은 대개 관리의 정의를 다음과 같이 말합니다.

- 바람직한 상태로 만드는 것
- 통제하는 것
- 통제하여 조정하는 것
- 일정 수준을 유지하는 것

어느 것도 틀리지는 않습니다. 어떤 말을 하고 싶은지 이해도 되고요. 하지만 정의로는 충분하지 않습니다. 왜냐하면 여기에서 말하는 '정의'란 어떤 '관리'에 적용해도 의미가 통해야 하기 때문입니다. 예를 들어 '일정 수준을 유지하는 것'이라는 말은 '품질 관리'에는 들어맞지만 '스케줄 관리'에도… 적용이 가능할까요?

저는 '관리'의 뜻을 국제표준화기구(ISO) 등을 참고해 다음과 같이 정의해 설명하고 있습니다. 관리란 좁은 의미로 컨트롤한다는 뜻입니다. 컨트롤은 통제입니다. 품질 관리란 일반적으로 일정 범위 내로 제품의 특성을 '통제'하는 것을 가리킵니다. 그러나 넓은 의미로는 또 하나의 뜻이 있습니다. 바로 '매니지먼트'입니다. 드러커는 매니지먼트를 '조직으로 하여금 성과를 거두게 하는 도구, 기능, 기관'으로 정의하고 있습니다. 한마디로 성과를 올리는 것에 목표를 두고 있죠. 즉, 관리라는 것은 '성과를 올리기 위해 목표를 정하고 현재 상황과의 간극을 명확하게 밝혀 메워 나갈 수 있도록 PDCA 사이클(매니지먼트 사이클)을 돌리는 것'까지를 의미한다고 볼 수 있습니다.

PDCA는 다음의 네 가지 요소로 구성되어 있습니다.

- P(Plan): 계획
- D(Do): 실행
- C(Check): 확인
- A(Act): 대책

계획을 세워 실행에 옮기고, 정확히 행해졌는지 확인한 후 대책을 수립한다. 이 일련의 과정이 매니지먼트의 의미를 포함한 '관리'라는 것입니다.

말의 정의에 따라 '행동'이 바뀐다

제가 일하던 컨설팅 회사에서는 여기까지를 '관리'로 보았습니다. 여러분이 속한 회사는 어떤가요? '잠깐, 체중 관리나 스케줄 관리는 해당이 안 되잖아?'라고 생각하실 수도 있습니다. 그러나 '체중 관리를 합시다'라는 말을 듣고 '체중이 늘지 않도록 주의하자'라고 생각하는 사람도 있을 테고 '이상적 체중을 위해서는 앞으로 ○kg 를 더 줄여야 하니 운동은 매주 이런 식으로…'라고 생각하는 사람 도 있겠죠.

사장님의 스케줄 관리를 맡았다고 합시다. 스케줄 관리를 '회의 와 같은 일정이 겹치지 않도록 조정하는 것'이라고 단순하게 생각하 는지, 아니면 '이상적으로 일정을 소화할 수 있도록 매니지먼트하는 일'이라고 생각하는지에 따라 말과 행동이 달라질 것입니다. 사장님 은 아침 시간을 어떻게 활용하고자 하는가? 일주일에 한 번 정도 회 의가 없는 날을 확보하면 더 쾌적한 기분으로 일할 수 있지 않을까? 그런 이상적인 일정을 짜기 위해 회의 횟수를 줄여야 할까? 등의 고 민이 '이상적으로 일정을 소화할 수 있도록 매니지먼트하는 일'의 범주라고 판단하면 사장님에게 확인할 내용과 생각해 볼 안건이 잔 뜩 있다는 사실을 깨닫게 될 것입니다.

이처럼 **언어에 민감하게 반응하고 정의를 파고드는 일**은 '사고의 **해상도를 높이는 일**'입니다. 최신 스마트폰으로 찍은 사진과 오래된 스마트폰, 구형 폴더폰으로 찍은 사진들을 떠올려 봅시다. 해상도가 다르니, 같은 풍경 사진이라도 전혀 다르게 보이겠죠. 최신 스마트 폰으로 찍은 풍경 사진을 오래된 기종으로 찍은 사진과 비교해 보면 눈앞의 나무와 멀리 있는 산의 경계선이 훨씬 선명하게 보입니다.

그에 비해 해상도가 낮은 사진은 그 경계가 흐릿하죠.

정의가 모호한 말을 써서 이야기하는 것은 상대방에게 오래된 스마트폰이나 구형 폴더폰으로 찍은 해상도 낮은 사진을 보여 주는 것과 같습니다. 전하고 싶은 메시지가 잘 전달되지도 않을뿐더러 마음을 건드려 감동을 줄 수도 없죠. 언어에 민감한 것은 말의 정의를 명확히 한다는 것이며 이 과정을 거치면 보고 있는 세상을 보다 선명하고 정확하게 비출 수 있습니다. '그냥저냥 하는 생각'을 '제대로 된 사고'로 전환하는 데에는 말의 정의를 명확히 하고 사고의 해상도를 높일 필요가 있습니다.

일 잘하는 사람의 말은
이렇게 시작합니다

．
．
．

사고의 해상도가 높아지면

- -

보이는 세상도, 전달의 효과도 달라진다.

- -

경위를 이해하라

이야기에 깊이가 없는 사람의 세 번째 특징은 '경위를 모른다'는 것입니다. '종신고용의 시대는 끝났다'라는 의견이 있죠. 실제로 종신고용을 조건으로 채용하는 회사는 감소하고 있습니다. 하지만 종신고용을 무조건 부정하는 태도도 그리 현명하다고 볼 수만은 없습니다. 확실히 요즘의 사회 분위기를 보면 종신고용은 시대와 맞지 않을지 모릅니다. 조금만 찾아보면 종신고용에 대한 부정적인 의견들과 종신고용제도를 폐지한 기업들의 기사를 쉽게 확인할 수 있죠.

하지만 지금까지 이 책을 읽으신 분들은 눈치채셨을 거예요. 이 또한 과한 믿음일 가능성이 얼마든지 있다는 사실을요. 이 단계에서, 앞에서 언급한 것처럼 정반대의 의견과 통계 자료 등을 수집하면 제대로 된 사고가 가능해질 것입니다. 여기서 사고에 깊이를 더하고자 할 때 필요한 요소가 바로 '경위를 아는 것'입니다. 종신고용의 경우 '종신고용이 도입된 경위'와 '종신고용이 확산된 이유'까지 확인하고 난 후에 비판할 필요가 있다는 뜻이죠.

왜 학생들의 바비큐 파티에 사람이 몰렸을까

경위와 바탕을 알면 독자적인 아이디어 발상도 가능해집니다. 여러분은 바비큐 파티를 경험한 적이 있으신가요? 친구나 가족 모임, 동아리 행사에서 경험해 본 분들이 많을 것입니다. 그렇다면 그 기억을 한번 떠올려 보세요. 어떤 것들을 구웠나요? 무엇을 먹었죠? 학창 시절의 이야기입니다. 친구 여럿과 바비큐 파티를 하게 되었습니다. 그중 한 명이 이런 말을 했죠.

"근데… 바비큐란 게… 정확히 뭐야?"

잠시간 정적이 흘렀던 것으로 기억합니다. 그도 그럴 것이 바비큐 파티를 여러 번 했지만, 정확히 무엇인지 생각해 본 적은 없었으니까요. 그때까지 저는 야외에서 여러 사람이 얇은 고기나 채소를 구워 먹는 행위가 바비큐 파티라고 막연히 생각했습니다. 그래서 당시 가지고 있던 사전을 찾아봤죠. 바비큐라는 말의 의미를 알기 위해서요. 사전에는 이렇게 나와 있었습니다.

바비큐(barbecue) [명사]: 돼지나 소 따위를 통째로 불에 구운 요리

이 사전적 의미는 새로운 발견이었습니다. 야외에서 고기를 '통째로 굽는 것'이 바비큐의 원래 뜻임을 알게 되었으니까요. 그래서 저희는 '진정한 의미의 바비큐 파티를 하자'라며 업소용 마트에 들

바비큐의 원래 뜻대로 '통째로 굽기'를 했더니 사람이 몰려들었다

러 생닭 한 마리와 커다란 소고기 덩어리를 사서 야외에서 구워 먹기로 했습니다.

그랬더니 지나가던 사람과 근처에 있던 무리가 "뭐 하는 거야? 재밌겠다!"라며 모여들었고 무척 신나는 분위기에서 모르는 사람들과도 교류하게 되었습니다. 지금까지 구워 본 적 없는 큼직한 고기를 굽느라 꽤 고생했지만, 덕분에 더 큰 재미를 느끼고 새로운 발견을 할 수 있었습니다. 이때 저희는 "우리 재미있는 거 해요"라고 소문내지 않았습니다. 그런데도 사람이 몰려들었죠. '이야기의 방식, 전하는 방식'보다 '생각하는 것'이 더 중요하다는 사실을 실감한 순간이었습니다.

일 잘하는 사람의 말은
이렇게 시작합니다

이처럼 '경위를 아는 것'은 남들과 다른 아이디어의 원천이 될 수 있으며 앞서 언급한 종신고용의 예시처럼 깊이 있는 논의의 시작이 될 수도 있습니다. 경위를 인간의 삶에 대입해 보면 '생장과 그 과정'이라 할 수 있겠죠. 친구들과 서로의 생장과 그 과정에 관한 이야기를 나눔으로써 상대방에 대한 이해가 깊어지고 친밀도가 높아지는 경험은 누구에게나 있지 않을까요?

경위를 알아보는 법

경위를 알아보는 두 가지 팁을 소개합니다. 첫째, 어원을 찾아보는 것입니다. 예컨대 바비큐는 서인도제도의 언어에서 파생되었습니다. 둘째로, 그 개념이 널리 퍼진 장소와 지역을 알아보는 일 또한 경위의 이해로 이어집니다. 바비큐의 경우는 미국이겠죠. 영어권에서는 'you' → 'u'와 같이 특정 단어를 발음이 비슷한 알파벳으로 줄여 쓰는 일이 흔한데 'barbecue' 역시 'be'를 'B'로 줄여 'barBcue'가 되었고 'cue'를 'Q'로 줄여 'barBQ'가 된 후 'bar'까지 'B'로 쓰게 되면서 최종적으로 'BBQ'라고 쓰게 되었다고 합니다.

저는 여러분께 자신이 몸담은 업계나 일하고 싶은 업계의 경위를 조사할 것을 추천합니다. 광고 업계라면 광고, 가구 업계라면 가구의 어원부터 조사해 보는 것이죠. 그것만으로도 그 업계를 바라보는 시야가 달라질 것입니다. 바비큐의 의미에 관해서는 다양한 설이 있습니다. 사전에 따르면 바비큐는 17세기 중반 스페인어 'barbacoa(바르바코아)'에서 유래한 말로, 고기나 생선 등의 식재료를 집 밖에서 직화로 굽거나 전용 기구로 조리하는 식사 및 모임을 뜻한다고 합니다. 원래 '건조한 고기와 생선을 보존하기 위한 나무 틀'이라는 뜻을 가진 아라와크어 barbacoa'에서 온 것이라 해요.

그 사람의 말을 이해하기 쉬운 이유: 정리 사고법

　제가 지금껏 만나 온 대부분의 일 잘하는 사람은 이해하기 쉽게 이야기했습니다. 일 잘하는 사람은 어려운 내용도 적절한 비유와 친근한 표현을 통해 알기 쉽게 설명하는 능력이 탁월합니다. 반대로 난해한 말이나 전문용어만 남발하는 사람들은 그다지 지적으로 다가오지 않죠. 커뮤니케이션 능력이 일의 성과로 직결되는 현대 사회에서 이야기를 난해하게 하는 것은 치명적입니다. 난해하게 말하는 상사는 존경받지 못하며 알아듣기 어려운 설명을 하는 영업사원은 물건을 팔지 못합니다. 이 장에서는 '왜 일 잘하는 사람의 이야기는 이해하기 쉬울까?'에 대해 생각하며 사고의 깊이를 더해 일 잘하는 사람이 되는 방법을 소개합니다.

일 잘하는 사람은 '이해'에 시간을 투자한다

어떻게 일 잘하는 사람은 어려운 이야기도 쉽게 말할까요? 그것은 **대상의 본질을 이해하고 있기 때문입니다.** 본질을 이해하지 못하면 **말하는 방식에 아무리 신경을 써도 상대방이 알기 쉽게 말할 수 없습니다.** 언뜻 알아듣기 쉽게 말하고 있는 듯 보여도, 실제로 들어보면 잘 이해가 되지 않죠.

컨설팅 업무를 예로 들죠. 일반적으로 생각하는 이미지와 현실 사이에 꽤 큰 괴리가 있는 직종 중 하나인데요. 컨설팅의 본질을 제대로 이해하는 사람이라면 초등학생도 알아들을 만큼 쉽게 설명할 수 있습니다. 항간에서는 컨설팅을 '기업의 과제 해결을 돕는 일', '경영자의 상담에 응하는 일' 등으로 설명하곤 합니다. 분명 맞는 이야기지만 초등학생에게 하는 설명으로서는 그리 적절하지 않습니다. 기업, 과제, 해결, 경영자, 상담과 같은 단어들이 초등학생에게는 별로 와닿지 않을 수 있으니까요. 초등학생이라도 쉽게 알아들을 만한 단어를 사용해 설명할 필요가 있습니다.

이를테면 이런 식의 설명이죠.

A   ○○는 몸이 안 좋으면 의사 선생님에게 가지?

학생   네.

A   회사도 상황이 안 좋아질 때가 있거든. 잘못하면 망할 수도 있

| 어. 그렇게 되기 전에 도와주는 병원 역할을 하는 회사가 따로
| 있어.

학생 흠음.

A 회사를 전문으로 봐주는 의사가 바로 컨설턴트야.

학생 약도 지어 주나요?

A 약을 지어 주기도 하지만 그보다 먼저 몸의 어디가 안 좋은지, 왜 아픈 건지 살펴보는 일부터 하지.

학생 목이 부었나 보기도 하고 청진기를 갖다 대기도 하는 것처럼요?

A 그래, 맞아. 의사는 청진기로 몸에서 나는 소리를 듣잖아? 컨설턴트는 회사에 가서 사장님의 이야기를 듣거나 일하는 직원들의 상황을 살펴보곤 해.

학생 그렇구나. 중요한 일이네.

컨설턴트를 의사에 비유하는 것은 흔한 방법이지만 사실 그리 정확한 표현은 아닙니다. 컨설턴트와 의사 사이에 비슷한 면이 있기는 하나, 세세하게 보면 차이가 있죠.

그러나 '어디에 문제가 있는지 살펴보고 해결책을 제시한다'라는 본질은 다르지 않습니다. 여기에서 포인트는 상대방의 눈높이에 맞춰 설명한다는 것입니다. 본질을 이해하지 못한 상태로는 상대방의 눈높이에 맞춰 설명할 수 없습니다.

대박 카피가 탄생하는 순간

카피라이터는 짧은 문장으로 상품의 매력을 전해 소비자의 마음을 움직이게 만들어야 합니다.

앞에서도 언급한 카피라이터 나카하타 다카시가 쓴 유명한 카피들 중, 비데 광고 카피가 있는데요. 지금이야 화장실에 비데가 있는 것이 당연한 일이지만, 나카하타가 광고 일을 처음 시작했던 1981년에는 '과연 뜨거운 물로 엉덩이를 씻는 일에 수십만 엔의 돈을 쓸 가치가 있는가'라는 의문이 드는 것이 당연했다고 합니다. 그래서 담당자에게 "그냥 휴지로 닦으면 안 되는 건가요?"라고 솔직하게 물어봤다더군요.

"휴지만으로는 완전하게 닦을 수 없어요."
제품 개발자가 답했다.
"지금까지 쭉 휴지로 닦으며 살았는데요?"
"나카하타 씨, 여기 있는 물감을 손바닥에 칠해 보세요."
나는 파란 물감을 손바닥에 묻혔다.
"이 두루마리 휴지로 닦아 보시겠어요?"
나는 두루마리 휴지로 손에 묻은 물감을 닦아내기 시작했다.
"휴지 한번 보세요."
아무리 닦아도 물감은 휴지에 묻어나오지 않았다.

"손바닥을 보세요."

손바닥에는 피부 주름을 따라 파란 물감이 그대로 남아 있었다.

"엉덩이도 똑같아요."

머릿속이 찌릿찌릿 울렸다. 이건 팔리겠다고 확신했다.

《이 골동품이 당신입니다》 중에서

'엉덩이를 닦은 휴지에는 변이 묻지 않았지만, 엉덩이에는 남아 있다.' 물감으로 얼룩진 손과 물감이 묻지 않은 화장지를 보고 떠올린 것이 "엉덩이도 물로 씻어 주세요"라는 명카피였습니다. 이 카피가 들어간 광고를 통해 비데는 순식간에 히트 상품이 되었습니다. 카피라이터는 마법 같은 말을 능숙하게 구사하여 사람의 마음에 꽂히는 문장을 쓰는 사람이 아니라 제품으로 시작해 그 제품을 사용하는 사람에 이르기까지, 그 대상을 깊게 이해하는 일에 중점을 두고 말을 엮는 사람이라고 생각합니다. 그야말로 일 잘하는 사람이 말하기 전에 생각하는 것, 그 자체라 할 수 있죠. **사람의 마음을 움직일 수 있는가, 이해하기 쉽게 말할 수 있는가는 이 모든 것을 얼마나 깊이 이해하고 있는가에 비례합니다.**

'이해하고 있다' = '정리되었다'

매킨지 컨설턴트로 일했던 하토 료는 '사고'란 비교하는 정보 요소가 '같은지', '다른지'를 인식하는 것이라고 말합니다. 또한 뇌과학자 야마도리 아쓰시는 우리의 지각 체계는 '구별'하고 '동정同定'하는 과정을 반복하고 있다고 이야기했죠. 나무 막대 모양의 물건을 '연필'이라고 인식하는 과정을 예로 들면, 배경으로부터 연필을 '구별'한 후 지금까지의 시각 경험을 바탕으로 그와 같은 물건들을 대조해 '동정'하는 작업입니다. 다른 것을 구별하고 같은 것을 한데 묶는다. 그야말로 정리의 작업, 그 자체라 할 수 있습니다.

지저분한 방을 정리할 때를 떠올려 보세요. 종류가 다른 물건들을 분류하고 같은 종류의 물건을 한곳에 정리합니다. 이 작업을 반복하다 보면 방이 깔끔하게 정돈되죠. 다시 말해, 이해한다는 것은 구별하는 것이자 정리하는 것입니다. 반대로 이해할 수 없다는 것은 '구별할 수 없는' 상태이자 정리할 수 없는 상태를 뜻하죠. 높은 예술적 가치를 지니는 그림과 그렇지 않은 그림을 전문가와 아마추어가 함께 봤다고 합시다.

아마추어 이 두 그림은 어떻게 다르지? 둘 다 좋은 작품 같은데.

이것은 아마추어의 솔직한 반응입니다.

전문가   전혀 다르잖아? 색을 사용하는 방법도 다르고. 이쪽은 음영을 주는 방식이 독특한 게 굉장히 흥미롭네….

이것이 전문가의 반응이고요. 이처럼 전문가는 예술적 가치가 높은 작품과 그렇지 않은 것을 구별하지만 아마추어는 구별하지 못합니다.

이것을 예능으로 푼 콘텐츠가 〈연예인 등급 체크〉라는 프로그램입니다. 연예인 출연자에게 '1억 엔'짜리 악기, '10만 엔'짜리 악기로 하는 연주를 각각 듣게 한 후, 어느 쪽이 1억 엔짜리 악기로 연주한 곡인가를 알아맞히게 하고, 가격이 '100만 엔'인 와인과 '3000엔'인 와인을 마시게 한 후 '100만 엔'에 판매되는 와인을 고르게 하는 방송이죠. 1억 엔과 10만 엔짜리 악기의 퍼포먼스의 차이를 인식할 수 있는지, 100만 엔과 3000엔짜리 와인의 맛을 구별할 수 있는지는 뇌가 소리의 높이와 울림의 차이를, 미각이 와인의 떫은 정도나 혀의 느낌 등의 차이를 '구별'할 수 있는가에 달려 있습니다.

연주와 와인에만 국한된 이야기가 아닙니다. 예술을 감상할 때, 장기나 바둑의 형세를 판단하거나 정치적 힘겨루기를 할 때 등 모든 상황에 통용됩니다. 전문가가 아마추어와 다른 판단이 가능한 이유는 자신의 전문 분야에 관한 '구별 능력'이 뛰어나기 때문입니다. 깊이 있는 이해는 그 대상을 얼마나 잘 구별하고 정리할 수 있는가에 달려 있습니다.

·
·
·

알아듣기 쉽게 말할 수 있는가는

이해의 깊이에 좌우되며

이해의 깊이는 구별하고

정리하는 능력에 따라 결정된다.

누구든 결론부터 말하게 하는 법

어렵게 말하는 사람들은 결론부터 말하는 법을 모르는 경우가 대다수입니다.

"정리하자면…"이란 말을 들으면 사람들은 정리된 이야기를 들을 것이라 기대하죠. 하지만 현실에서는 "정리하자면…"이란 말 뒤에 전혀 정리되지 않은 이야기를 늘어놓는 사람이 많습니다. 예를 들어, 퇴근 전에 "금일 업무 내용을 간략하게 보고하세요"라는 지시를 받은 한 영업사원이 다음과 같이 말을 했다고 치죠.

사원   오늘 하루의 업무를 정리하자면, 아침에 지적하신 내용을 듣고 보다 공격적으로 임했다면 더 신속하게 주문을 따낼 수 있었을 거란 생각에 여러 고민을 하고 있습니다. 현재 진행 중인 안건에 있어서는 지적하신 대로 작업할 생각입니다. 다만 동시 진행 중인 안건의 경우, 의사결정자가 멀리 계셔서 재촉하는 데 어려움이 있는 상태라 뭔가 좋은 아이디어가 있으시다면 의견을 듣고 싶습니다. 제 생각에 가능한 방법은….

이런 식으로, 서두에 "정리하자면"이라고 스스로 말해 놓고 요점을 알 수 없는 이야기만 줄줄 늘어놓는 상황을 경험해 본 사람도 많을 듯한데요. 본인은 나름 정리하려고 했을지 몰라도 주위 사람들은 '아무것도 정리된 게 없잖아⋯ 말이 너무 길다고⋯'라며 어이없어 합니다.

결론부터 말하고 싶지만 실패하는 이유

이런 상황을 한탄하는 상사들이 적지 않습니다. 예컨대, 한 엔지니어에게 특정 제품의 도입이 가능할지 조사 후 보고하라는 지시를 내렸다고 합시다. 상사는 결론부터 알려달라고 했지만, 그 엔지니어는 "결론부터 말하자면, 우선 처음에는 ○○ 조사를 시행했습니다. 조사 방법은⋯"이라고 답을 합니다. 이때 상사가 듣고 싶었던 답은 '도입 가능 여부'이지, 조사 과정이 아닙니다. 그 부장은 결론부터라는 말을 형식적으로만 하는 사람들은 어떻게 해야 할지 물었습니다.

대체 왜 그들은 '결론'부터 말하지 못할까요. 그것은 그들이 '중요한 정보'와 '그 외 잡다한 정보'를 명확하게 구분하지 못해서입니다. 구분하지 못한 여러 정보가 머릿속에 뒤죽박죽 섞여 있기에, 다시 말해 정리되어 있지 않기 때문에, 결론부터 말하라는 지시를 듣고도 결론부터 말할 수 없는 상태가 되는 것이죠.

그렇다면 '중요한 정보'와 '그 외 잡다한 정보'를 구분하는 방법은 뭘까요? 바로 **결론이 무엇인지 확실히 하는 것**입니다. 비즈니스 실용서에도 "결론부터 얘기합시다"라는 말이 자주 등장합니다만, 결론이란 대체 뭘까요? 의외로 결론이 무엇인지 설명하지 못하는 사람이 많을 것입니다. 결론이 무엇인지도 모른 채 결론부터 말하기란 쉽지 않죠.

황금 법칙 ②를 떠올려 주세요. '일을 잘한다는 것은 타인에 의해 결정된다'에서 중요한 점은 상대방 입장에서 생각하는 것입니다. 상대가 원하는 '결론'이 무엇인지 알아내면 그리 어렵지 않게 결론부터 말할 수 있습니다.

가장 간단한 방법은 이 주제에서 결론이란 무엇인지 상대방에게 물어보는 것입니다.

"죄송하지만 지금 말씀하신 결론의 의미를 구체적으로 가르쳐 주시겠습니까. 확실히 이해해 두고 싶어서요."

이런 식으로요. 상사가 내용을 제대로 이해하고 있다면 결론의 명확한 정의를 설명해 줄 것입니다. 만약 명확하게 자신이 원하는 결론을 설명하지 못한다면 그저 적당히 '결론부터 말해'라는 말로 분위기만 조성하고 있는 셈이죠. 상사 자신조차 결론이 무엇인지 모른다면 부하가 결론부터 말하지 못하는 것은 당연한 일입니다.

만인에게 해당하는 결론의 정의

물론, 결론이 무엇인지 물어보지 못할 때도 있습니다. 사이 좋은 상사에게 결론부터 말하라는 지시를 받았다면 결론의 뜻이 무엇인지 물어볼 수 있지만, 관계가 좋지 않거나 상대가 클라이언트일 경우에는 이런 질문을 하기가 꺼려지겠죠.

그럴 때는 '상대방이 제일 듣고 싶어 할 이야기'부터 들려 주십시오. 그러니까 **결론부터 말하라는 말은 본질적으로 '본인이 하고 싶은 이야기가 아닌 상대방이 듣고 싶어 하는 이야기를 먼저 하라'는 뜻입니다.** 결론부터 말하지 못하는 사람들의 특징은 변명 먼저 앞세우거나 순서대로 과정을 설명하려고 든다는 것입니다. 그것은 어디까지나 '본인이 하고 싶은 이야기'죠. 자신의 이야기는 뒤로 미뤄 두세요. 상대가 원하는 이야기가 무엇인지 우선적으로 의식해야 합니다.

상대방이 듣고 싶어 할 이야기를 가장 먼저 꺼내라는 제안에 '그게 뭔지 알면 이런 고생을 안 하지!'라고 생각하는 분들도 계실 겁니다. 왜 결론부터 말해야 하느냐. 그것은 자신의 이야기를 상대가 듣게 하기 위함이며 자신의 이야기를 듣게 하려면 듣는 쪽의 입장을 고려해야 합니다. 결론結論이란 글자 그대로 이야기의 '맺음結'입니다. 최후의 도달점이죠. 결론이 명시되지 않은 이야기는 도달점을 알 수 없는 이야기입니다. 도착지도 모른 채 타게 된 비행기인 셈이

일 잘하는 사람의 말은
이렇게 시작합니다

그게… 실은…

상대방의 스위치를 켠다는 마음가짐으로 말하자

죠. 도착지가 어디인지 모르고 비행기에 탄 사람은 몹시 불안할 수밖에 없습니다. 제주도행 비행기와 파리행 비행기는 타기 전 챙겨야 할 준비물부터가 완전히 다릅니다. 마찬가지로 이야기의 주제가 '정기 보고'인지 '클레임 대응 상담'인지에 따라 듣는 사람의 태도는 전혀 달라집니다.

부하 직원이 말을 걸길래 일상적인 정기 보고겠거니 하고 듣고 있었더니 클레임 대응 상담이었을 경우 "정확한 상황 파악을 위해 다시 한번 설명해 봐"라는 말을 할 수밖에 없습니다. 결국 불필요한 시간 낭비를 하게 되죠. 반대로 처음부터 "클레임 대응 방법에 대해 상의드리고 싶습니다"라고 말한 후 이야기하면 듣는 쪽은 '시간이 좀 걸리겠군' 혹은 '상황 파악을 위해 메모가 필요하겠어' 등의 판단을 내리고 준비할 수 있습니다.

한마디로 **결론부터 말한다는 것은** 상대방의 '듣기 스위치'를 켜는 **행위**입니다. 상대가 듣고 싶어 하는 말부터 전하는 것은 상대방의 듣기 스위치를 켜는 제일 간단한 방법이죠. 말하기 전에 상대가 어떤 기분으로 이 이야기를 들었으면 하는지, 어떤 스위치를 켜야 할지 생각한 후에 이야기해 봅시다. "중요한 문제는 아닌데요…"라고 말을 꺼내면 상대방도 바쁠 경우, 적당히 들어만 두자고 생각할 테고 "복잡한 문제가 생겨서요"라고 시작하면 진지하게 듣는 쪽의 스위치가 켜질 것입니다.

일 잘하는 사람의 말은
이렇게 시작합니다

．
．
．

본인이 하고 싶은 이야기가 아닌

상대방이 듣고 싶은 이야기부터 시작하여

상대방의 '듣기 스위치'를 켜자.

- - - - - - - - -
사실과 의견을 구별하라

지금까지, 결론이란 무엇인가에 중점을 두고 자신의 이야기를 정리하고 생각의 깊이를 더해 이해하기 쉽게 말하는 방법을 제안했습니다. 이제부터는 이해하기 쉽게 말하기 위한 또 하나의 축을 소개하겠습니다. 그것은 '사실'과 '의견'을 구별하는 것입니다. 다음의 대화를 봐주세요.

상사   어제는 영업하다 중간에 빠져서 미안했어. 그 고객님, 우리 쪽에 의뢰하기로 결정했어?

사원   괜찮을 것 같습니다.

상사   괜찮다고…? 난 결정했는지 안 했는지가 알고 싶은데….

사원   아, 아직 결정은 안 하셨어요.

이것은 신입 사원과 상사 사이에서 자주 반복되는 대화 패턴입니다. 결론부터 말하지 못하는 것과 더불어 '사실과 의견을 구별하여 말하지 못하는 것'도 알아듣기 어렵게 이야기하는 사람들의 전형적인 특징이죠. 대화가 이어집니다.

상사   그렇군, 결정이 났을 줄 알았는데…. 그 고객님이 뭔가 우려되는 부분이 있다든가 그런 말은 안 했어?

사원 금액에 불만이 있는 것 같더라고요.

상사 확인차 묻겠는데, 고객님이 직접 불만이라고 말한 거야?

사원 아뇨, 말로 하진 않았던 것 같아요.

상사 그런데 어떻게 불만이 있는 줄 알았어?

사원 그게….

상사 다시 물을게, 그 고객님이 뭐라고 말했어?

사원 아… 맞다, 금액을 조정할 여지가 있냐고 물으셨어요.

상사 조정이라… 뭐라고 답했는데?

사원 저 혼자 결정할 문제가 아니니 확인해 보겠다고요.

상사 그랬더니 뭐래?

사원 납득하신 것 같더라고요.

상사 내. 말. 은. 그래서 고객님이 뭐라고 말했냐고.

사원 아, 죄송해요. 그러니까… '알겠습니다'라고 하셨어요. 그리고 지금 생각났는데 견적을 낼 때 지정 양식에 맞춰 달라고 하더라고요.

이처럼 사실과 의견을 구별하지 못하는 사람의 이야기를 들으면 상황을 파악하는 데 보통 세 배 정도의 시간이 소요됩니다.

뇌는 편한 쪽으로 멋대로 치환한다

이런 일이 생기는 이유는 뭘까요? 행동경제학자 대니얼 카너먼은 "인간은 어려운 질문이 주어지면 그것을 간단한 질문으로 치환해 버린다"라고 말합니다.

그럼, 여기서 질문을 하나 드리죠.

(문제 5)

지금 당신은 얼마나 행복합니까?

이 질문에 "그럭저럭…?"이라고 답한 분들, 꽤 많지 않나요? 이 물음에 정확히 답하기 위해서는 먼저 '행복'을 정의하고 과거의 행복도를 산정한 후 현재의 행복도와 비교해 지금 얼마나 행복한지를 설명해야 합니다. 무척 번거롭고 어려운 일이죠. 그래서 많은 사람은 "지금 내 기분이 어떻지?"라는 질문으로 치환한 후 "그럭저럭 행복합니다" 같은 대답을 하게 되죠. 이것이 카너먼이 말하는 '휴리스틱heuristics'이라는 뇌의 작용입니다.

앞에 나온 상사와 부하 직원의 대화의 경우 "그 고객님, 우리 쪽에 의뢰하기로 했어?"라는 질문에 정확히 답하려면 다음과 같이 이야기해야 합니다.

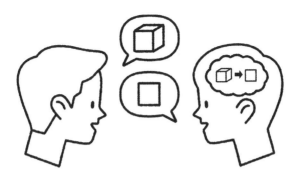

어려운 질문을 간단한 질문으로 멋대로 치환해 버린다

사원 그 자리에서 정하진 않았어요. 금액 조정의 여지가 있는지 물으셨거든요. 다만, 금액 협의 외의 다른 과제들을 해결하고 있으니 의뢰받는 건 문제 없을 것 같습니다.

하지만 부하 직원 입장에서 이런 답변을 생각해 내는 건 무척 성가신 일이죠. 그래서 그는 "그 고객님, 우리 쪽에 의뢰하기로 결정했어?"라는 질문을 "주문받을 수 있을 것 같아?"로 마음대로 치환한 후 "괜찮을 것 같습니다"라는 자신의 느낌으로 답하게 된 것입니다. 이것이 사실과 의견을 구별하지 못하는 사람의 정체입니다.

사실과 의견을 구별할 수 있는가

사실과 의견을 구별해 말하지 못하는 사람은 '일 못하는 사람'으로 간주됩니다. 저는 몇 년 동안 인재 채용 시 면접관으로 참여했는데 "그때 어떻게 행동했느냐"라는 질문에 "열심히 했습니다"라며 자신의 기분을 이야기하는 등 정확한 답변을 하지 못하는 지원자들, 다시 말해 사실과 의견을 구별하여 말하지 못하는 사람들이 제일 먼저 탈락했습니다.

미국에서는 기본적 소양으로 여겨지는 능력이며 초등학교 교과서에도 '사실과 의견을 구별하는 문제'가 반복적으로 등장합니다. 예컨대, 다음과 같은 문제죠.

문제 6

1. 조지 워싱턴은 가장 위대한 미국 대통령이었다.

2. 조지 워싱턴은 미국의 초대 대통령이었다.

이 중 사실을 기술한 문장은 무엇인가?

정답은 2번인데요, 중요한 점은 사실과 의견의 구별에 관해 다음과 같은 설명이 이어진다는 것입니다.

사실이란 증거를 들어 뒷받침할 수 있는 내용을 말한다. 의견이란 어떤 일에 대해 특정한 사람이 내리는 판단이다. 그 의견에 동의하는 사람도 있을 테고, 그렇지 않은 사람도 있을 수 있다.

《이과 작문 기술》 중에서

이는 초등학생을 대상으로 한 내용이지만, 아마 비즈니스를 하는 사람에게도 충분한 설명이 될 것입니다.

다만 비즈니스를 하는 이들은 조금 더 난해한 문제로 사실과 의견을 구별할 수 있는지 시험받곤 하죠. 다음은 GMA 테스트(일반 인지 능력 테스트)라 불리는 컨설팅 회사 등에서 인재를 채용할 때 자주 사용하는 시험 일부입니다.

문제 7

"야심 혹은 욕망과 같은 요소가 주식 시장을 포함한 비즈니스 시스템 전반의 주요한 원동력이라는 사실에는 변함이 없습니다."

이 문장에서 저자가 주장하고 있는 내용은 다음 중 어느 것인가요?

A   대부분 사람은 탐욕스럽다.

B   일부 사람들은 탐욕스럽지 않기 때문에 주식 시장에서 멀어진다.

C   욕망은 사람들이 비즈니스를 실행하는 데 동기를 부여하고 주식 시장의 운영 역시 그중 하나다.

D 주식 시장 안에는 욕망이 전혀 없는 사람들도 존재한다.

출처《General Intelligence Test & Mental Ability Test》

사실과 의견을 다루는 일에 익숙하지 않은 사람은 자신의 선입견이나 의견이 앞서는 바람에 적절한 답을 하기 어려울지도 모릅니다. '이런 걸로 업무 능력을 파악할 수 있을 리가 없다'라고 주장하는 사람도 있을지 모르지만 실은 그 반대입니다. 일반 인지 능력 테스트는 '채용 후의 퍼포먼스 예측 정밀도가 가장 높은 채용 방식 중 하나'라는 연구 결과가 다수 존재하므로 외국계 기업이나 컨설팅 회사의 채용에서 빈도 높게 사용되고 있죠. 정답은 C입니다.

사실과 의견을 구별하여 말하는 법

그럼 이와 같은 능력을 몸에 익히는 것이 가능할까요? 개인적으로는 가능하다고 생각합니다. '현명함'보다는 '주의력'의 문제이기 때문이죠. 앞서 언급한 대니얼 카너먼의 주장에 따르면 휴리스틱은 뇌의 빠른 사고 시스템(늑직감적인 것)이 담당하고 있습니다. 반사적으로 답하면 뇌가 무의식적으로 간단한 질문으로 치환하기 때문에 정확한 대답이 불가능해지죠.

다시 말해, 사실과 의견을 혼동해 말하는 것을 방지하기 위해서는 뇌의 느린 시스템(≒논리적인 것)을 사용하는 편이 좋습니다. '이야기하려는 내용을 체크하는 훈련'을 통해 반사적으로 답하지 않는 방향으로 바꾸어 갈 수 있죠. 앞에 등장한 《이과 작문 기술》의 표현을 빌리자면 질문에 반사적으로 답하지 않고, 다음의 항목을 잠시 생각한 후 답변을 내면 되는 것입니다. '그것은 증명 가능한 사실인가?', '스스로 판단한 의견인가?' 이런 버릇을 몸에 익히면 점차 사실과 의견을 구별해 이야기하는 능력이 생길 것입니다.

의견과 사실을 구별해 말하기 위해 주의를 기울일 필요가 있다고 이야기했는데요. 앞서 제시한 신입 사원과 상사의 대화처럼 사실을 말해야 할 순간에 의견을 말하지 않도록 특히 주의해야 합니다. 여기서 또 하나, 많은 사람이 실수하는 것이 있습니다. 바로, **자신의 의견을 마치 사실인 것처럼 말하는 경우입니다.** '다들 그렇게 말하잖아요' 같은 문장이 좋은 예시죠. 다음 대화와 같은 사례가 대표적입니다.

A   요즘 젊은이들은 인내심이 부족해.

B   그런가요?

A   왜, 얼마 전에 발령받은 그 신입 사원 다음 달에 그만둔다잖아.

B   아, 그래요?

A   우리 젊었을 때는 선배들한테 기합받아도 이 악물고 버텼다고.

B   그런데 어떤 이유로 신입 사원의 인내심이 부족하다고 판단한

건가요? 직접 지도한 적은 없잖아요.

A 아니, 다들 얘기한다니까. 그 자식은 인내심이 부족하다고.

B … 다들 그런다니, 정말 '다들' 그렇게 말하나요?

A 다나카 씨랑… 스즈키 씨도 그랬어.

B (이 사람 별로다…)

이처럼 어디까지나 자신의 주관적인 의견을 사실인 양 말하는 것은 일 잘하는 사람이 취하는 태도라 볼 수 없습니다.

자신의 의견을 갖는 방법

의견을 사실처럼 말하는 사람이 있는가 하면 '일반론에만 의지할 뿐 자기 의견이 없는 사람'도 있습니다. 다른 사람의 이야기를 듣다가 '이 사람은 자기 의견이 없어'라고 느낀 적 없나요? 자기 의견 말하기에 서툴다고 생각하는 분도 있을 테고요. 의견을 일반화해서 이야기하는 것도 지적인 태도가 아니지만, 일반론만 내세우는 것 또한 재미없죠. 그럼 대체 어떻게 해야 할까요?

자, 이쯤에서 의견과 사실에 대해 조금 더 깊게 들어가 보도록 합시다. 의견과 사실을 구별해서 말하라고 하면 "감상은 어떻게 되는 건가요? 그렇게 느꼈다는 것 자체는 분명한 사실이잖아요…"라고 묻는 사람이 있습니다. 물론, 그 사람이 그런 느낌을 받은 것은 자명한 사실이죠. 다만 그것은 어디까지나 주관적 사실입니다. 생각한 바를 타인에게 증명할 수 있느냐 물으면 "분명 그런 생각이 들었는데요…"라는 답밖에 할 수가 없습니다. 이에 반해, **객관적 사실이란 증명 가능한 사실을 뜻합니다.**

그렇다면 의견은 어떨까요? 의견 역시 어디까지나 개인적인 생각, 즉 주관입니다. 하지만 감상과는 다르죠. 의견이란 주관적 사실에 근거를 제시함으로써 타인을 이해시킬 수 있는 형태를 띠는 것입니다. 예컨대 '○월 ○일에 교토에 눈이 내렸다'라는 말은 증명 가능한 객관적 사실입니다. 이때 '추위에 약한 사람은 교토보다는 오사카에 살아야 한다'라는 말은 감상일까요, 의견일까요? 그저 오사카 사람이 겨울에 교토를 걷다가 '춥다… 교토는 겨울을 보낼 만한 곳이 아니네'라고 생각했다면 이는 어디까지나 감상에 지나지 않습니다. 다만 오사카, 교토에서 각각 5년씩 고루 거주한 경험에서 비롯된 이야기라면 실제 경험이라는 근거를 기반으로 한 '의견'이 됩니다.

다시 말해, 자기 의견을 가진다는 것은 '주관적 사실에서 출발해 근거를 제시함으로써 다른 사람도 이해시킬 수 있는 형태로 만드는 것'이라 할 수 있습니다. 여기에서 1장에서 다룬 '이야기에 깊이를 더하는 요령'을 떠올려 볼까요. 이야기에 깊이를 더하는 요령은 다음과 같았습니다. '①자기 의견과 반대되는 주장을 찾아본다 ②통계 자료를 찾는다' 앞의 예시에 이 요령을 적용하면 '교토의 겨울은 훌륭하다'처럼 반대되는 의견을 찾거나 교토와 오사카의 기후 자료를 가져올 때 더욱 설득력 있는 의견을 낼 수 있다는 것이죠. "그건 감상일 뿐이잖아요?"라는 말을 들을지도 모른다는 두려움에 자신의 의견을 봉인해 두지는 마세요. 처음에는 누구나 주관적인 감상에서 시작하니까요.

- 사실을 묻는 말에 의견으로 답하지 않는다.
- 의견을 사실처럼 말하지 않는다.

위의 두 항목에 주의를 기울여 감상을 의견으로 승화시킬 수 있도록 신경 써 보세요.

일 잘하는 사람의 말은
이렇게 시작합니다

정리 사고법
사실인가, 의견인가, 감상인가?

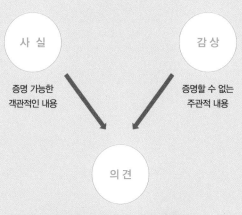

사 실
증명 가능한
객관적인 내용

감 상
증명할 수 없는
주관적 내용

의 견

주관적인 감상에서 출발해 다른 사람을 이해
시킬 수 있는 근거를 갖춘 것. 실제 경험을 비
롯해 반대 의견이나 자료를 제시하면 보다 '깊
이 있는 의견'이 된다.

주의! 사실과 의견을 혼동하지 말 것

① 사실을 답해야 할 곳에서 의견을 말한다
　→ 사실 확인에 시간이 걸린다

② 의견을 사실처럼 이야기한다
　→ 지나친 확신에 빠진 사람으로 보인다

생각하기 전에 제대로 듣자: 10
경청 사고법

이 책의 목적은 '제대로 생각하는 사람'이라는 문장 속 '제대로'의 의미를 명확히 하고 누구나 일 잘하는 사람이 되는 방법을 전달하는 것에 있습니다. 이 장에서는 '제대로 사고'하는 데 필수 불가결한 '제대로 듣기'란 무엇인지에 대해 확실히 알고자 합니다. 여러분도 함께 생각해 보세요. 상사의 이야기, 부하 직원의 이야기, 거래처의 이야기, 남편의 이야기, 아내의 이야기, 아이들의 이야기… 제대로 듣고 있나요?

듣는 척하기는 쉽지만, 제대로 듣기는 어렵다

인간이 타인과 얽히며 살아가는 동물인 이상 '듣기'는 커뮤니케이선의 기본일 수밖에 없음에도, 우리는 '말하기'에 비해 '듣기'를 경시하곤 합니다. 아마 듣기는 말하기보다 수동적이며 누구나 할 수 있는 일이라고 여기기 때문이겠죠. 물론, 음성은 원치 않아도 들리기 마련이니 '듣기만 하는 일'은 누구나 할 수 있습니다. 하지만 이야기를 제대로 듣기란 쉬운 일이 아닙니다. '듣기'와 '제대로 듣기' 사이에는 큰 간극이 존재합니다.

들는 법에 관한 책들 속에는 말하는 법과 마찬가지로 맞장구를 치고, 공감하고, 상대방이 한 말을 따라 하는(앵무새 화법) 등의 다양한 테크닉이 등장합니다. 이것들만으로도 듣는 척은 할 수 있지만, 제대로 들을 수는 없습니다. 듣고 있는 것처럼 보이지만 실제로는 듣지 않는 사람들도 얼마든지 있습니다. 예를 들어 클라이언트를 만나는 회식 자리에 부하 직원을 데리고 가면서 "사장님의 과제가 무엇인지 제대로 들어 봐"라는 지시를 했다고 합시다. 이후 상사와 부하 직원 사이에는 다음과 같은 대화가 오갈 것입니다.

상사   회식 어땠어?

부하   즐거웠습니다! 특히 사장님이 처음 창업할 때 어떤 마음이었는지 잘 알 수 있어서 좋았어요!

상사   새로운 업무로 이어질 만한 부분은 없었고?

부하   알아내고 싶긴 했는데… 과제에 대한 말씀은 별로 안 하셨던 것 같아요….

상사	그래? 딱 잘라 언급하진 않았지만, 사장님 꽤 고민하고 계시던 데. 특히 간부들과의 관계에 관해서 말이야. 대화 중간중간에 나왔었잖아. 예를 들면 "더 잘할 수 있는 사람인데"라든가 "커뮤니케이션이 부족한 것 같아"라든가.
부하	아… 뭔가 특별한 말씀을 하셨던가요?
상사	제대로 들은 거 맞아?
부하	음… 별로 자신이 없네요….

부하 직원이 사장님의 이야기를 듣지 않은 것은 아닙니다. 다른 곳에 정신을 팔거나 핸드폰을 만지작거리지도 않았죠. 하지만 유감스럽게도 이런 성우는 제대로 들었다고 할 수 없습니다.

이들의 '듣기'에는 어떤 차이가 있던 것일까요?

자신이 이해한 내용만 잘라 내는 사람

"고객의 이야기를 전혀 들을 줄 모르는 직원이 있다."

경영자나 관리직 직원에게 위와 같은 푸념을 들은 적이 여러 번 있었습니다. 이야기를 들을 줄 모르는 직원들도 언뜻 보기에는 '잘 듣는 것'처럼 보였습니다. 메모도 하고, 고개도 끄덕이며 맞장구도

일 잘하는 사람의 말은
이렇게 시작합니다

잘 쳤죠. 상대의 말을 가로막지도 않았습니다. 하지만 동료나 클라이언트들은 "저 사람, 이야기를 전혀 안 들어"라고 말합니다. 컨설팅 회사에도 '이야기를 들을 줄 모르는 사람'이 있었습니다. 예전에 부하 직원들에게 회사의 이후 방침을 설명했을 때의 일입니다.

나　　중소기업은 재무적 특성상 갑작스럽게 고액 컨설팅 계약을 할 수가 없어요. 그래서 신규 중소기업 고객에게는 처음부터 컨설팅 프로그램을 판매하기 어렵죠. 단, 그럴 때 입구 역할을 하는 상품으로 '연수'를 제공하는 것이 효과적이라는 사실을 알게 됐습니다. 이제 앞으로 연수 사업에 힘을 쏟을 생각입니다.

이렇게 설명하자 다음과 같은 질문이 날아왔습니다.

직원　　연수에 힘을 싣는다면, 이제 컨설팅은 하지 않는다는 말씀인가요?

저는 당황했습니다. '컨설팅을 하지 않는다'라는 말은 한마디도 한 적이 없으니까요. 오히려 '연수는 입구 역할을 해줄 상품'이라고 확실히 언급했습니다. 너무도 의아했던 저는 그에게 이렇게 되물었습니다.

나	지금 이야기를 어떻게 해석하면 '컨설팅은 하지 않는다'라는 말이 되죠?
직원	앞으로 연수 사업에 힘을 싣는다고 하시길래요.

저는 '하지도 않은 말을 멋대로 상상하지 말라고' 쏘아붙이고 싶은 것을 꾹 참으며 "연수는 어디까지나 입구 역할로, 최종 목적은 컨설팅 계약의 체결입니다. 컨설팅을 그만둘 리가 없잖아요"라고 설명했습니다. 초등학교 교실에서 선생님이 학생들에게 "선생님이 하는 말, 잘 들으랬지!"라고 꾸짖는 장면을 떠올려 보세요. 당시의 문제는 아이들이 '이야기를 제대로 들을 생각이 없다는 것'에 있었겠죠. 하지만 사회에서 경영자나 관리직 직원이 불평하는 '이야기를 들을 줄 모르는 사람'은 이야기를 들을 생각이 없는 사람을 칭하는 말이 아닙니다. 듣고 있지만, 듣지 못하는 사람을 가리키는 말이죠. 그들은 **'자신이 인식할 수 있는 내용'만을 잘라 듣곤 합니다.**

"컨설팅은 하지 않는다는 말씀인가요?" 하고 물었던 그는 어쩌면 처음부터 부정할 마음으로 제 이야기를 듣고 있었던 것일지 모릅니다. 상대방의 이야기를 정확히 들을 생각은 하지 않고, 처음부터 어떤 말을 해야겠다는 목적을 가지고 들으면 일부 내용만 들리는 것도 당연한 일이죠. 이 사례는 이야기를 들을 줄 모르는 사람 중에서도 극단적인 예이지만, 인간은 많든 적든 들은 내용을 자기 편한 대로 치환하는 버릇이 있습니다. 앞서 언급한 회식에서 과제를 듣지 못한 부하 직원은 아마 고객의 창업 이야기, 그러니까 '개인적으로 재미있는 이야기'만을 기억하고 있는 것일 테죠. 하지만 중요한 '과제'에 대해서는 '재미도 없고 잘 모르는 영역'이라며 넘겨버렸을 가능성이 큽니다.

반면, 상사는 사장님의 이야기 한마디 한마디에 주의를 기울인 결과 대화 중간중간에 드러난 경영 간부와의 갈등을 눈치챘습니다. 보통 사장님들은 자기 회사의 과제를 다른 이에게 말하는 것을 부끄러워하기 때문에 '이것이 과제다' 하고 확실히 짚지 않습니다. 기껏해야 "인간관계 참 쉽지 않아"라고 에둘러 표현하는 정도죠.

이야기를 들을 때 생각해야 하는 것

사장님과 경영 간부의 갈등을 눈치챈 상사와 같이 세부적인 내용을 포착하는 것도 제대로 듣기에 포함됩니다. 자신이 좋아하거나 관심 있는 내용만 듣는 것이 아니라 세부적인 부분까지 귀를 기울여 상대방의 생각을 파악하는 것이 바로 '제대로 듣기'입니다. 그럼 어떻게 해야 '세부적인 내용까지 듣기'를 잘할 수 있을까요. 멍하니 듣고 있으면 앞서 설명했듯, 자기가 이해할 수 있는 내용만 잘라 내가 편한 대로 듣게 됩니다. 여기에서 지적이며 존경받는 사람들은 무슨 생각을 하며 이야기를 듣는지 살펴보도록 합시다. 사람들이 누군가의 이야기를 들을 때 생각하는 내용은 크게 두 종류로 나뉩니다.

① 자신이 하고 싶은 말을 생각하며 듣는다
② 상대방이 하고 싶은 말을 생각하며 듣는다

① 자신이 하고 싶은 말을 생각하며 듣는다

다른 사람의 이야기를 들을 때 '반론'으로 머리를 꽉 채우는 등 **다음에 자신이 하고 싶은 말만 생각하는 사람**이 있습니다. 그래서는 이야기를 제대로 들을 수가 없죠. 이런 사람은 남의 이야기를 부정하는 것으로 승리의 기분을 느끼기 위해 이야기를 듣습니다. 인간적으로 미성숙한 어린아이 같은 태도라 할 수 있죠.

혹은 '그럴듯한 말을 해야지, 고민을 해결해 줘야지'라는 생각을 하며 듣는 사람도 있습니다. 반론에 비하면 그나마 낫지만, '가르쳐 주겠어'라는 기분이 앞서 상대방의 이야기를 제대로 듣지 않기 때문에 이 또한 성숙하고 지적인 태도라고는 할 수 없습니다. '가르쳐 주겠어'라고 생각하는 사람은 상대방이 좋아하리라 믿고 "○○하면 되잖아", "왜 ○○ 안 해?", "그렇게 고민할 필요 없어, ○○니까", "간단해. ○○하면 된다니까?" 등의 해결 방안을 던집니다. 하지만 '가르쳐 주겠어'라는 마음으로 내뱉는 말들 대부분은 참견에 지나지 않으며 상대방은 가르침을 원하지 않을 확률이 높습니다. '가르침을 줌으로써 상대방이 내게 감사하는 것' 혹은 '자신의 우월함을 확인하

일 잘하는 사람의 말은
이렇게 시작합니다

는 것'이 듣기의 목적이 된 상태라 할 수 있죠.

이런 태도는 **상대방을 생각하는 척, 자신을 생각하며 듣기 때문에 타인에게 자기중심적인 사람으로 비칩니다.** 결코 멍하니 듣고 있지 않은데도 상대방은 '제대로 듣고 있는 거야?'라고 생각하게 되죠. 이야기를 듣는 척, 사실은 듣고 있지 않으니까요. 또한 처음부터 자신이 하고 싶은 이야기를 미리 준비하고 있으므로 그때그때 상황에 따른 즉각적인 대처가 불가능합니다. 대화가 다른 방향으로 흘러가고 있는 것을 무리해서 되돌려 놓기도 하죠.

② 상대방이 하고 싶은 말을 생각하며 듣는다

이에 반해 제대로 들을 줄 아는 사람은 쓸데없이 끼어들지 않고, 우선 '저 사람이 하고 싶은 말이 뭘까'를 생각하며 **상대방의 이야기를 정확히 이해하고자 합니다.** 말할 때 상대방이 이런 태도로 들어주면 '내 이야기를 정확하게 이해하네'라는 느낌을 받습니다. 한발 더 나아가 '배우겠다'라는 생각으로 들으면 상대방에게 더 깊은 신뢰를 얻을 수 있습니다.

저는 학창 시절 은사님에게 '만약 지금 생각만큼 인생이 잘 풀리지 않는다고 느껴지면 상대방의 이야기를 잘 들어라. 그것만으로 삶이 달라질 수 있다'라는 가르침을 받은 적이 있습니다. 지적이고 존경받는 사람들은 타인의 이야기를 잘 듣습니다. 제가 지금까지 만나

온 경영자 중에는 띠동갑 이상 차이 나는 어린 저에게 '배우겠다'라는 마음으로 듣는 사람도 있었습니다. 여기에는 '말하는 이에 대한 경의'가 깔려 있습니다. 경의를 보이니 상대방도 훨씬 편하게 말할 수 있습니다. 단순히 '내 이야기를 듣고 있다'라는 감각이 아니라 대화하는 느낌을 받아 더 깊은 신뢰가 쌓입니다. '상대방이 무슨 말을 하고 싶은가'를 진지하게 생각하며 듣는 사람은 다음과 같은 태도로 이야기를 듣습니다. 바꿔 말하면 다음과 같은 태도가 인생을 호전시키는, 다른 사람의 이야기를 잘 듣기 위한 태도라 할 수 있죠.

지적이고 존경받는 사람의 듣는 태도

잘 듣기 위한 태도 ①　긍정도 부정도 하지 마라

사람들은 안일한 태도로 알았다고 말하는 이를 좋아하지 않습니다. 한편 아니라고 부정하는 사람은 미움받기 쉽죠. 제대로 듣는 사람은 긍정도 부정도 하지 않고 "그래요", "그렇군요" 하고 맞장구를 치면서 우선 상대방이 기분 좋게 말할 수 있는 분위기를 만듭니다.

잘 듣기 위한 태도 ②　상대방을 평가하지 마라

상대방의 이야기를 평가하면 자신도 모르게 태도에 드러납니다. 상대방을 함부로 평가하지 않기 위해서는 '좋다', '나쁘다'가 아니라

일 잘하는 사람의 말은
이렇게 시작합니다

상대방을 받아들이는 자세가 필요합니다. 평가하고 싶은 마음이 들더라도 '당신이 그렇다면 그런 것이겠죠'라고 생각해 봅시다.

잘 듣기 위한 태도 ③ 의견을 쉽게 말하지 마라

"어떻게 생각하세요?"라는 질문을 받아도 곧바로 자신의 의견을 말하지 않는 것이 중요합니다. 조언도 쉽게 해서는 안 됩니다. 상대방은 당신의 이야기를 듣고 싶은 것이 아니라 안심하고 싶을 뿐이니까요. 그러니 우선은 "생각하시는 대로입니다", "말씀하신 대로예요"와 같이 기대에 부응하는 답변을 하며 상대방의 이야기를 끝까지 들어 봅시다.

잘 듣기 위한 태도 ④ 이야기가 끊기면 차라리 침묵하라

상대방의 이야기가 끊기면 우선 침묵한 채로 상대방이 말을 꺼내기를 기다립시다. 침묵을 두려워하지 마세요. 본인에게 무언가를 요구하는 것처럼 느껴질 때는 가만히 바라보며 고개를 끄덕여 보세요. 그러면 다시 이야기를 이어갈 것입니다.

잘 듣기 위한 태도 ⑤ 호기심을 총동원하라

언뜻 평범해 보일지라도 사람은 누구나 재미있는 일화를 가지고 있으며 자신의 분야에서 전문적이라는 점을 기억하며 들읍시다. 상대방의 이야기가 지루하게 느껴지는 것은 본인의 호기심이 부족하기 때문입니다.

지적인 사람은 상대방의 이야기를 끝까지 정확하게 듣고 난 후에 '저 사람은 내게 어떤 말을 기대하는가'를 생각합니다. 칭찬받고 싶은 것인지, 공감의 말을 바라는지, 해결책을 찾고 있는지, 제안을 기다리는지, 위로를 원하는지 파악하는 것이죠. 상대방의 이야기를 제대로 정확히 듣는다면 상대방이 자신에게 어떤 말을 기대하는지 알 수 있습니다.

일 잘하는 사람의 말은
이렇게 시작합니다

．
．
．

상대방이 이야기할 때 자신의 할 말을 생각하지 말고,

우선은 상대방이 무슨 이야기를 하고

싶은 것인지 정확하게 파악한다.

조언하지 마라, 정리하라

파트너나 친구, 후배가 상담을 부탁해서 친절을 베푸는 마음으로 조언했는데 상대방이 공감하기는커녕 오히려 불쾌해한다고 느꼈던 적 없으십니까? 부끄럽지만 저는 그런 경험이 많습니다. 게다가 "왜 내가 말한 대로 안 해?"라고 상대방을 몰아세우는 바람에 관계가 더욱 불편해진 적도 있고요…. 직장에서도 그런 광경을 종종 목격합니다. 조언이라는 행위는 매우 고도의 커뮤니케이션 스킬을 필요로 합니다. 막 컨설턴트가 되었을 무렵의 저는 '컨설턴트는 조언하는 직업이다'라고 생각했지만 실제로는 상사에게 "쉽게 조언하지 말라"는 말을 들었습니다.

아무리 조언이 바람직해도 사람은 쉽게 움직이지 않습니다. 사람은 논리가 아닌 감정으로 움직이는 존재니까요. 저는 직업 특성상 '솔직하지 못한 직원' 때문에 고민하는 상사들을 많이 만나 왔습니다. 그들은 무슨 말을 해도 당시의 상황을 모면하는 데 급급한 대답만 할 뿐 행동을 바꾸지는 않습니다.

'왜 행동을 바꾸지 않느냐'고 물으면 '시간이 부족하다', '권한이 없다', '잘 모른다', '하고 싶지 않다'라는 말로 대화를 끝내 버립니다. 한마디로 '내키지 않는 일'에는 자기 합리화를 위한 변명을 끝없이 생각해 내는 것이 인간의 특성입니다. 하지만 놀랍게도 말하는 사람이 바뀌면 이야기를 받아들이는 경우가 있습니다. 예를 들어, 상사의 말은 듣지 않아도 자신이 호감을 느끼는 동료가 같은 내용의 조언을 하면 이를 받아들이고 실행에 옮기는 경우가 있다는 것이죠.

그야말로 '무엇을 말하는가'보다 '누가 말하는가'가 중요하다는 뜻인데, 조언을 이해하고 받아들여 행동에 옮기는 것은 듣는 이가 조언한 상대를 상당히 존경하고 좋아할 때뿐입니다.

조언 대신 교통정리를 하라

컨설팅 회사에 입사하고 몇 년이 지난 후 저는 **컨설턴트는 조언하는 직업이 아니라 교통정리를 하는 직업이다**'라는 인식을 갖게 되었습니다. 실제로 업무 시간 대부분을 경영자의 고민을 듣고 문제점을 밝혀내 정리하는 일에 썼으니까요.

정리란 '불필요한 것을 버리고 필요한 부분을 남기는 행위'입니다. 따라서 '상대의 이야기를 정리하는 것'은 바꿔 말하면, 상대방의 이야기에서 판단에 필요한 정보만을 남기는 행위라 할 수 있습니다. 상대방의 이야기를 정리하면서 들으면 상대방이 무슨 생각을 하고 있는지, 말하는 본인보다도 깊게 이해할 수 있게 되고 이를 바탕으로 행동에 옮길 수가 있습니다. 정리하며 듣는 이 기술은 업무뿐 아니라 모든 상황에 도움이 됩니다.

불과 얼마 전에 있었던 일입니다. 출장을 위해 공항에 있는데 갑자기 아내에게 전화가 왔습니다. 비행기 탑승 직전이라 무슨 일인가 싶어 전화를 받으니 이런 용건이더군요.

아내 애들이 시치고산(아이들의 성장을 축하하는 일본의 전통 행사. 남자는 3·5세, 여자는 3·7세가 되는 해에 빔을 입고 참배를 한다—옮긴이)에 입을 대여복을 못 고르겠어. 같이 결정 좀 해 줘.

시간이 없으니 얼른 결정해야 했습니다. 그래서 '정리'를 하기로 했죠. 우선은 목표를 확인합니다.

나 조금 전 보낸 사진 중에 어떤 옷으로 할지 정하면 되는 거지?
아내 응.

여기서 가장 저지르기 쉬운 실수가 그저 자신의 취향대로 고르는 것입니다. 그러면 아내는 당연히 납득하지 않을 테죠. 일방적인 취향을 몰아붙이고 자신의 이야기는 듣지 않으니까요. 게다가 '시치고산'의 의상은 특히… 뭐랄까, 자기 생각만 밀어붙여서는 안 되는 영역이니까요.

나　어떤 점이 고민스러운지 알려 줘.

그러자 아내가 입을 열었습니다.

아내　우선 가격이 ○○엔, 그리고 △△엔이라 차이가 커.

나　음, 꽤 차이가 나네.

아내　근데 비싼 쪽이 컬러가 더 선명하고 신선한 느낌이야.

나　응, 그렇구나.

아내　아이들은 색상이 선명한 쪽이 더 마음에 드는 것 같은데, 선명한 쪽은 오후 네 시 이후에 대여할 수 있어서 신사에서 사진 찍을 수 있는 시간이 늦어져.

나　그러면 어두워져서 신사에서 사진 촬영하기가 어려울 테니 사진관에서 단체 사진밖에 못 찍겠네.

아내　맞아. 그래서 고민이야.

여기서 저는 '불필요한 정보'를 제거하기로 했습니다.

나　우선 가격 문제는 할머니 할아버지가 조금 보태 주신다고 하지 않았어? 가격은 중요하지 않은 것 같아.

아내　그러네.

나　그리고 애들 취향은 수시로 바뀌잖아. 그걸 먼저 생각할 필요

	는 없지 않을까?
아내	흐음, 맞는 말 같아. 애들 취향만으로 고르기도 그렇고.
나	할아버지 할머니한테 물어보면 또 의견이 다를지도 모르니까.
아내	그건 그렇지.
나	그러면 정말 중요한 건 '시간' 아닐까? 저녁 시간에만 빌려도 문제없겠어?
아내	응, 알았어. 한번 생각해 볼게.

정리하며 듣는 기술

어떻게 하면 상대방의 이야기를 정리하며 들을 수 있을까요? 지금부터는 상대방의 이야기를 정확하기 이해하기 위한 정리의 포인트를 소개하겠습니다.

① '목표' 확인

먼저 상대방의 '목표'를 확인합시다. 여기서 주의할 점은 이 단계에서 해야 할 일은 어디까지나 '확인'으로, '제안'이 아니라는 사실입니다. 이때 상대방의 이야기를 간결하게 '앵무새 화법'으로 반복해 답하는 것이 필요합니다. 당신의 언어가 아닌 상대방의 언어를 써서 반복해 말하면 '제대로 들으려 한다'라는 인상을 줍니다.

② 생각하는 바를 듣는다

누구나 상담이 필요한 과제가 있을 때는 나름의 해결책을 가지고 있기 마련입니다. 해결책까지는 아니더라도 그때까지 고민한 내용이 남아 있죠. 목표를 확인한 후, 이런 내용에 대해 듣지 않고 자기 생각을 먼저 늘어놓으면 '내 생각에 제대로 귀 기울이지 않는다'라고 느끼는 사람들이 많습니다. 처음에는 반드시 상대방의 생각을 들으며 답답함이 해소될 때까지 털어놓을 수 있게 합시다.

③ 이야기를 정리해 상대방의 의사결정을 돕는다

상대방이 상담을 요청했을 때는 그게 무엇이든 결정을 방해하는 요소가 있다는 뜻입니다. 상대방의 의지를 확인했다면 순수하게 독려합시다. 꼭 당신이 생각하는 해결책이나 조언을 제시할 필요는 없습니다. 굳이 어떤 행동을 취해야 한다면 두서가 맞지 않는 부분에 대해 '이건 이러이러하다는 말씀이죠?'라는 확인만 하세요. 그러면 상대방은 '내 이야기를 이해해 준다'라고 느낄 것입니다. 또한 상대방에게 '이렇게 하고 싶다'라는 의견이 없는 상태라면 상대방의 이야기를 듣는 것까지만 하세요. 그 사람은 그저 누군가가 자신의 이야기를 듣길 바라고 있을 테니까요.

여기까지 경청 사고법으로서, 제대로 듣기란 어떤 것인가에 대해 살펴보며 듣는 태도와 듣기의 기술에 관해 이야기해 봤습니다. 인간은 무의식적으로 자기 이야기를 하고 싶어 합니다.

상대방을 위한다는 생각으로 자신의 의견과 조언을 말해 버리죠. 그럴 때일수록 상대방의 이야기를 정리하면서 자신이 하고 싶은 말이 아닌, 상대방이 하고 싶은 말이 무엇인지 헤아리며 듣는 자세를 잊지 않으셨으면 합니다. 다음 장에서는 경청 사고법을 익힌 후, 구체적으로 파고드는 데 필요한 '질문'에 대해 소개하겠습니다.

．
．
．

조언하고 싶을수록

정리를 하며 정확하게 듣자.

깊게 듣는 기술과 배우는 기술: 11
질문 사고법

　일 잘하는 사람은 질문에도 능숙합니다. 어떤 질문을 하는지만 봐도 머리가 좋은지 나쁜지 알 수 있다고 해도 과언이 아니며, 종잡을 수 없는 질문을 던지면 상대방은 '제대로 듣고 있는 것 맞아?', '그런 건 그냥 혼자 고민해'라고 생각합니다.

　반대로, 질문을 잘하면 상대방이 말하고 싶은 바나 자신이 알고 싶은 내용을 끌어낼 수 있습니다. 잘 듣는 사람들은 능숙한 질문을 구사하며 상대방이 깨닫지 못한 부분까지 파고 들어가 함께 사고의 깊이를 더합니다. 신입 사원이 일 잘하는 인재가 되는가, 그렇지 않은가는 좋은 질문을 하는가, 그렇지 않은가로 예측할 수 있죠. 질문이 능숙한 것은 배움에 능숙하기 때문입니다. 잘 배우는 사람은 어떤 분야, 어떤 업계에서든 성과를 올릴 수 있습니다. 이 장에서는 '깊이 듣는 기술'과 '배우는 기술'이라는 두 가지 방향성을 가지고 일 잘하는 사람이 질문하기 전에 무엇을 생각하는가에 대해 알아보겠습니다.

사람이 후련함을 느끼는 순간

먼저, 깊게 듣는 기술에 관해 설명해 보겠습니다. 상대방을 제대로 이해하기 위해서는 질문을 던져 이야기를 끌어낼 필요가 있습니다. 그렇다면 어떤 질문을 하면 좋을까요? "조금 더 깊이 알려 줘"라고 말한다고 해서 상대방을 깊게 알 수 있는 것은 아닙니다.

누군가와의 상담을 통해 후련함을 느낀 경험 없으신가요? 진로 상담이든, 업무 상담이든, 연애 상담이든 상관없습니다. 혹시 언어화되지 않았던 생각이 명확해졌을 때 아니었나요? 사람이 늘 자신이 생각하는 바를 확실히 인식하는 것은 아닙니다. 자기 일인데 스스로 알 수 없을 때야말로 가장 답답하죠. 무언가가 명확하지 않아 답답한 상태에서는 행동에 옮길 수가 없으니 괴롭습니다. 명확하지 않았던 것이 언어화되어 뚜렷해지면 해야 할 일이 확실해져 행동에 옮길 수 있습니다. 다음과 같은 흐름이죠.

"상사와의 관계 때문에 고민이 많았는데 내가 이런 가치관을 따르고 있어서 그렇구나. 앞으로 그 상사는 나와 가치관이 다른 사람이라는 것을 확실히 인식하고 대해야겠어."

"이직할지 말지 고민했는데 사실 정말 하고 싶은 건 이거였구나."

"그 사람과 결혼할지 헤어질지 고민했는데 사실은 회사에 다니기 싫어 그만두고 싶었던 것뿐이었어."

황금 법칙 ③은 '사람은 자신을 진심으로 생각해 주는 사람을 신뢰한다'였는데요. '깊게 듣는 기술'은 커뮤니케이션을 통해 함께 사고의 깊이를 더해가며 신뢰 관계를 구축하는 기술입니다. 누군가와 상담을 한 후 상담하길 잘했다, 또 대화해 보고 싶다는 느낌을 받는 것은 올바른 해답을 알려 주었을 때가 아니라 함께 고민을 나누어 답에 도달했을 때입니다. 현명한 척이 아니라 모르는 척을 했던 A씨의 경우는 그야말로 곧바로 답을 제시하기보다 클라이언트와 함께 생각하고 같이 답을 도출하는 커뮤니케이션 스타일로 클라이언트의 신뢰를 얻은 사례였죠.

이 기술은 고민 상담에만 적용되는 것이 아닙니다. 업무 미팅에서도 표면적인 이야기밖에 못 하는 사람과 핵심을 건드리는 이야기를 주고받을 수 있는 사람이 있는데요, 당연히 미팅 참가자로서의 가치가 높은 쪽은 후자입니다. 저 역시 상담을 통해 큰 도움을 받았던 경험이 여러 번 있습니다. '로지컬 씽킹'에 관한 세미나 교재 제작에 관여했던 때의 일입니다.

교재 앞부분에 '로지컬 씽킹이란 무엇인가'라는 설명을 넣어야 했는데 로지컬 씽킹을 정확하게 정의하는 말을 아무리 뒤져도 찾을 수가 없어 골머리를 앓던 끝에 상사에게 상담을 청했습니다. 제가 이해하기 쉬운 로지컬 씽킹의 정의를 찾을 수 없다고 솔직히 털어놓자 상사는 "아다치 씨는 뭐라고 생각하는데?"라고 되물었습니다.

"로지컬 씽킹이란 크게 나누면 연역과 귀납이라고 생각합니다."

저의 대답에 상사는 이렇게 답했습니다.

"그렇다면 차라리 '조리 있는 것'이라고 표현하는 게 어때?"

그리고는 다른 사람을 불러 로지컬 씽킹에 관한 알기 쉬운 정의를 다 같이 생각해 보게 했죠.

결국 로지컬 씽킹을 '이치에 맞는 생각'으로 정의했습니다. 지금 돌아봐도 연역과 귀납이 무엇인지 장황하게 설명하는 것보다 본질적이며 이해하기 쉬운 정의였다고 생각합니다. 그 상사는 사람들을 적절히 끌어들이면서 사고의 깊이를 더하는 일에 무척 능한 사람입니다. 상담을 통해 제가 모르고 있던 과제를 깨닫게 했을 뿐 아니라 사내에서 다른 이들의 협조까지 얻어 준 분이죠. 이런 상사라면 '상담하길 잘했어!'라는 생각이 들 수밖에 없겠죠.

바로 이것이 사람과 사람이 커뮤니케이션하는 이유라 할 수 있습니다. 사생활에서도 마찬가지죠. 좋아하는 애니메이션 이야기, 감동적인 영화 이야기, 여행 이야기 등. 늘 본질적인 이야기만 할 필요는 없지만 가끔은 깊이 파고드는 이야기를 하고 싶을 때가 있습니다. 거듭 말하지만, 스스로 눈치채지 못했던 사실을 깨닫는 데는 깊이 듣는 기술이 필수적입니다.

일 잘하는 사람의 말은
이렇게 시작합니다

．
．
．

커뮤니케이션의 정수는

사고 깊숙한 곳까지 함께 파고 들어감으로써

혼자서는 눈치채지 못했던 사실을 깨닫는 것.

미국 정부와 구글의 질문 기술

이제부터는 깊게 듣는 기술 중 하나인 '질문 기술'에 관해 구체적으로 이야기해 보겠습니다.

컨설턴트는 제한된 시간 안에 상대방과 신뢰를 구축하며 기업이 안고 있는 문제의 본질을 파악해야 합니다. 이때 '구조화 면접'이라 불리는 인터뷰 기술이 참고됩니다.

기본적으로 면접을 통해 채용이 이뤄집니다. 하지만 30분~1시간 남짓의 면접 시간 안에 지원자의 본질을 꿰뚫어 보고 자신의 회사와 잘 맞는지 아닌지를 판단하기란 쉽지 않습니다. 저 역시 컨설턴트로서 기업의 채용 과정에 참여하며 면접관을 맡기도 했고 지금은 제 회사의 채용에도 관여하고 있지만, 채용 면접이 쉽지 않다는 사실은 누구보다 잘 알고 있습니다. 기업의 채용에서는 면접관의 취향이나 첫인상으로 합격 여부가 결정되는 일이 대부분이니까요. 사실, 현재 행해지고 있는 면접 스타일이 지원자의 입사 후 퍼포먼스 예측에 거의 도움이 되지 않는다는 연구 결과도 있는데요. 실제로 많은 기업이 원하던 인재와 채용한 인재 사이의 괴리를 느끼고 있으며 모처럼 비용을 들여 채용했음에도 금세 그만두는 사람이 많아 곤란해하고 있습니다. 이런 현상을 타개하기 위해 구글 최고 인사 담당자였던 라즐로 복이 면접의 정밀도를 높이고자 도입한 것이 '구조화 면접'이라 불리는 방법입니다.

이 면접 방식은 정신의학 분야나 미국 정부에서 전부터 사용하고 있었던 방법으로, 통상적인 면접에 비해 입사 후 퍼포먼스 예측 정밀도가 높다고 알려져 있습니다.

질문의 종류는 다섯 가지뿐

미국 정부가 공개한 구조화 면접 매뉴얼에 따르면 구조화 면접은 '도입 질문 두 가지, 심화 질문 세 가지'로 구성되어 있으며, 필요한 질문은 총 다섯 가지뿐입니다.

먼저 도입 질문입니다.

도입 질문 ① **과거의 행동에 대한 질문: '직면한 상황에 어떻게 대응했는가?'**

이를테면 '과거 프로젝트 등에서 실적을 어떻게 올렸는가?' 같은 질문입니다. 이것은 '장래의 행동을 가장 잘 예측하는 방법은 과거 유사한 상황에서 했던 행동을 아는 것'이라는 생각을 바탕으로 합니다.

예시 질문: "까다로운 사람, 적대적인 사람, 고민을 안고 있는 사람에게 대처했던 상황에 대해 설명해 보세요. 누가 그 상황에 관여했

나요? 당신은 구체적으로 어떤 행동을 했고 어떤 결과로 이어졌나요?"

도입 질문 ② **'가정된 상황에서의 판단'에 근거한 질문: '만약~ 이런 상황에 놓인다면 어떻게 하겠습니까?'**

상황 판단에 관한 질문은 '사람의 의도는 실제 행동과 밀접하게 연관된다'라는 생각을 바탕으로 후보자에게 현실적 업무 시나리오와 딜레마를 제시해 지원자가 어떻게 대응하는지를 묻습니다.

예시 질문: "거래처 담당자가 몹시 화가 난 채로 연락을 했습니다. 그녀는 5일 전에 납품 완료되었어야 할 물건이 아직 도착하지 않았다고 말합니다. 거래처는 지금 당장 제품을 준비하라고 요구하나 상사와 공장에 확인해 본 결과 지금 당장은 납품할 수 없으니 어떻게든 클라이언트를 달래라고 합니다. 이 상황에서 당신은 어떻게 대처하겠습니까?"

이 두 가지의 질문 중 하나를 택하거나 이 둘을 잘 조합하여 도입 질문을 던진 후, 세 가지의 심화 질문을 해 봅시다.

심화 질문 ① **상황에 관한 질문: '당시의 상황은 어땠습니까?'**

가령, 도입 질문 ①에서 "고민이 있는 사람이 상담을 요청해 왔을 때의 상황을 말해 보세요"라고 질문했더니 "부동산 영업을 담당하고 있을 때 실적이 부진한 부하 직원의 상담에 응한 적이 있습니다"라는 답변이 돌아왔다고 가정하죠. 이때 "구체적으로 어떤 상황이었나요?"라고 물음으로써 그 상황을 상세하게 파고들어 보는 것입니다.

심화 질문 ② **행동(액션)에 관한 질문: '그때, 무엇을 했나요?'**

예를 들어 지원자가 "전임 관리자는 '내 말대로 해'라는 식으로 매니지먼트를 했기 때문에 일부러 반대 방식을 취해, 현장의 과제들을 수렴했습니다"라고 답했다고 합시다. 이 대답에 대해 "그 상황에서 구체적으로 어떤 행동을 했습니까", "행동할 때 어떤 점에 중점을 뒀습니까?" 같은 질문을 던지는 것이죠.

심화 질문 ③ **성과에 관한 질문: '그 행동의 결과로 어떤 변화가 있었습니까?', '현장에서 반발은 없었습니까?'**

세 번째로는 행동에 따른 성과를 묻습니다. 심화 질문 ②의 "그 상황에서 어떤 행동을 했습니까?"라는 질문에 "지점 직원 전원과 면담을 했습니다"라는 답변이 돌아왔을 경우 "그 면담으로 인해 성과에 어떤 변화가 있었습니까? 바뀌지 않는 직원들에게는 어떤 행동을 취했습니까?" 같은 식의 질문을 합니다.

일상생활에서도 OK! 만능 질문 기술

이 밖에도 면접 퍼포먼스를 일정하게 유지하기 위한 구조화 면접의 포인트와 룰이 있지만, 여기에서 여러분들이 기억해 주었으면 하는 점은 **채용 면접조차 도입 질문 두 개와 심화 질문 세 개로 성립된다는 사실입니다.** 인재 채용은 큰 비용이 드는 일입니다. 연봉 600만 엔의 사원을 채용한다는 것은 적어도 연간 600만 엔이 필요하다는 뜻으로 10년간 고용할 경우, 6000만 엔의 돈이 듭니다. 그런 중대한 결단을 내릴 때도 이 다섯 가지의 질문만 있으면 된다는 것이죠. 이 구조화 면접의 질문 기술은 짧은 시간에 상대방을 깊게 알아내 본질을 파악하는 방법이라 할 수 있습니다. 그리고 이 질문 기술은 면접 이외의 일상생활에서도 큰 힘을 발휘합니다.

예를 들어 소개팅 혹은 맞선 자리를 떠올려 주세요. 처음 만난 상대와 짧은 시간 내 관계에 깊이를 더하고 이 사람과 앞으로 함께하고 싶은지를 판단해야 하는 자리죠. 구조화 면접의 다섯 가지 질문을 응용하면 다음과 같이 이야기를 파고들 수 있습니다.

우선은 도입 질문 ①을 활용해 과거에 무엇을 했는지 물어봅시다.

나 본인 소개를 하실 때 취미가 음악이라고 하셨는데요. 학창 시절에 악기를 다룬 경험이 있으신가요?

상대 교내 브라스밴드에서 플루트를 불었어요.

일 잘하는 사람의 말은
이렇게 시작합니다

이때 깊이 듣는 기술이 없는 사람은 금세 자기 이야기를 하죠.

나 　그러시군요, 저는 악기를 다룬 적이 없어서… 초등학교 때부터 쭉 야구부였거든요….

여기서 황금 법칙 ②를 떠올려 주세요. 커뮤니케이션의 주체는 상대방이라는 사실을 기억해야 합니다. 상대방이 물어보지도 않았는데 자신의 이야기를 늘어놓는 것은 일 잘하는 사람의 방식이 아닙니다. 여기에서는 심화 질문 ①을 사용해 보죠. 상황을 구체적으로 듣는 겁니다.

나 　브라스밴드 단원이셨군요. 저는 브라스밴드에 다양한 악기가 있다는 정도밖에 몰라서요. 규모가 큰 밴드였나요?

상대 네, 인원이 꽤 됐어요. 고등학교 때는 전 학년 통틀어 60명 정도 있었죠.

여기서 심화 질문 ②. 그 상황에서 한 행동에 관해 묻습니다.

나 　그렇게 사람이 많으면 연습은 파트별로 하거나 학년별로 나눠서 하나요? 연습 힘들지 않았어요?

상대 맞아요, 테마별로 몇 개의 그룹을 나눠서 매일 밤늦게까지 연습했어요.

그리고 심화 질문 ③을 활용해 그 행동에 대한 성과를 물어봅니다.

나   대회에 나간 적도 있어요?

상대   네, 출전하긴 했는데 전국 대회까지 진출은 못 했어요. 지역 예선에서 아깝게 떨어졌거든요.

나   그러셨군요. 지역 예선에서 좋은 성적을 거둔 것만 해도 대단한 것 같아요.

여기서 도입 질문 ②로 돌아가 봅시다. '만약~', '혹시~'를 써 볼게요.

나   만약 시간적 여유가 있다면 또 플루트를 연주하고 싶나요?

상대   글쎄요… 지금은 꼭 연주하고 싶다기보다는 들으러 다니고 싶어요. 듣는 것도 좋아하거든요. 클래식 같은 거.

나   좋네요! 저도 그런 음악 듣는 거 나쁘지 않더라고요. 혹시 추천곡 있나요?

구조화 면접의 방법을 활용해 '학창 시절에 했던 일'부터 '음악을 좋아하며 연주회에 가서 음악을 감상하고 싶다'라는 내용까지 알아

일 잘하는 사람의 말은
이렇게 시작합니다

낼 수 있었습니다. 이 방법은 만능입니다. 미팅에서 상대방의 이야기를 끌어내거나 일상생활에서 대화에 활기를 주고 싶을 때 꼭 사용해 보세요.

- 무엇을 했습니까? (과거의 행동)
- 그때는 어떤 상황이었나요? (상황을 파고듦)
- 그 상황에서 어떻게 했나요? (행동을 파고듦)
- 그 결과, 어떻게 되었습니까? (성과 및 결과를 파고듦)
- 만약 이런 상황이 된다면 어떻게 하겠습니까? (가정된 상황에서의 행동)

물론 '심문'이 되면 곤란하니 상대방의 반응을 살피며 조금씩 적절한 질문을 던져야 합니다. 또한 기본적으로 상대방이 이야기하는 동안은 철저히 듣기에 집중해야 하죠. 다만, 대화가 끊길 때는 이 질문들을 조합해 반복하기만 해도 상대방의 이야기를 파고들 수 있을 것입니다.

질문하기 전에 가설을 세운다

구조화 면접 방법에 더해, 또 한 가지의 깊게 듣는 기술을 소개하겠습니다. 예를 들어 의사 결정권을 가진 클라이언트의 이야기를 들을 기회를 얻었다고 합시다. 당신은 의사 결정자가 무엇을 과제로 생각하는지 알아내야 합니다.

나　　부장님은 지금의 과제가 무엇이라고 생각하십니까?

이렇게 직접적으로 물을 수도 있겠죠. 이런 질문으로 원하는 답을 얻을 수 있으면 좋겠지만,

부장　　특별히 중요한 과제는 없습니다만….

이런 식으로 명확한 답변이 돌아오지 않는 경우가 부지기수입니다. 이럴 때는 어떻게 해야 할까요? 여기서 필요한 것은 '가설을 세워 질문하기'입니다. 그러면 이런 질문이 가능해지죠.

나　　지난번에 매출에 대한 염려가 있다고 하셨는데, 혹시 영업 쪽에 과제가 있다고 생각하시나요? 아니면 상품이나 마케팅 등

다른 것과 관련된 과제인가요?

'매출 부진의 원인이 영업에 있다'라는 가설을 바탕으로 한 질문이죠. 이렇게 접근하면 다음과 같은 답이 돌아올지도 모릅니다.

부장 물론, 영업상의 과제가 전혀 없는 건 아니지만 제일 골치가 아픈 것은 신규 고객의 정착이 수월치 않다는 점이에요. 계약 지속률을 어떻게든 높여야 할 텐데….

매출 부진의 원인이 영업에 있다는 가설은 적중하지 않았습니다. 중요한 점은 가설이 맞았는가, 틀렸는가가 아닙니다. 가설을 제시함으로써 '계약 지속률'이라는 과제가 있다는 사실을 알게 되었으니까요. 물론 상대방이 이렇게 쉽게 자기 생각을 내비치지 않을 수도 있습니다. 다만, 가설을 세우고 질문할 때와 그렇지 않을 때의 답변의 '질'은 분명 다릅니다. **제대로 사고하여 질문하기란, 묻기 전에 상대방 입장의 가설을 세운 후 질문하는 것**이라 할 수 있습니다.

컨설팅 업계에서는 항상 '가설'이라는 말이 오갑니다. 일 잘하는 사람은 늘 가설을 세워 생각한다고 해도 과언이 아니죠. 그렇지만 '갑자기 가설을 세우라는 말을 듣는다고 내가 뭘 어떻게…'라고 생각하는 사람도 있을 것입니다. 그래서 추천하는 방법이 '만약 내가

○○의 입장이라면…'이라고 질문해 보는 것입니다.

"만약 제가 부장님이었다면… 엄청난 부담감에 짓눌렸을 것 같아요. 부장님은 어떠세요?"
"만약 내가 아내(남편)였다면…"
"만약 부하 직원의 입장이었다면…"

1장에서 소개한 '이야기에 깊이를 더하는 요령'의 '자기 의견의 반대 관점을 찾아본다'를 응용해, 반대 의견을 토대로 가설을 세워 질문할 수도 있습니다. "사장님의 의견에 ○○와 같은 반대 의견을 내는 사원도 있을 수 있는데, 어떻게 생각하시나요?", "어떻게 생각하시나요?"라고 막연한 질문을 하는 것에 비하면, 확실히 질 좋은 답변이 돌아올 것입니다. 묻기 전에 먼저 다양한 각도에서 사물과 상황을 살펴보고 질문을 던지는 것입니다.

.
.
.

질문의 '질'은 질문을 던지기 전

얼마나 가설을 잘 세우는가에 달렸다.

질문에 능숙한 사람과 서툰 사람의 차이

지금까지 상대방과 함께 사고를 파고들기 위해 깊이 있게 듣는 기술을 이야기했습니다. 앞으로는 배우는 상황에서 쓸 수 있는 질문의 기술을 소개하겠습니다. 다음은 무언가를 배울 때 생각해야 할 가장 중요한 요소를 시사하는 정부 관료의 이야기입니다.

> 공식적인 규칙으로는 관료가 도움을 청할 수 있는 상대는 오직 상사뿐인 것으로 되어 있다. 물론 관료들은 어지간해서는 상사에게 도움을 청하고 싶어 하지 않았다. 자신을 귀찮게 여길 것이며 본인의 무지와 독립성의 부족을 인정하는 꼴이라 생각했기 때문이다. 그래서 그들은 계통적으로 규칙을 어겼다. 서로 상담한 것이다.
> (중략)
> 예상과 달리, 기능이 낮은 관료가 기능이 뛰어난 관료에게 상담하는 일은 거의 없었다. 저기능 관료는 또 다른 저기능 동료와의 상담을 통해 조언을 주고받았다.

이는 2001년 노벨경제학상을 수상한 애커로프 교수와 2013년 같은 상을 수상한 쉴러 교수가 공저 《야성적 충동》에서 '까다로운 소송에 휘말린 정부 관료'의 특징에 관해 기술한 내용입니다. 지금까지 다양한 신입 사원들을 지켜봐 왔지만 **배움에 능숙한 사람들은 물어보기 편한 사람, 가까운 사람이 아니라 '물어야 할 대상'을 판단해 가르침을 청하고 신속하게 과제를 해결하며 성장했습니다.** 그렇다면 '물어야 할 대상'이란 누굴 가리키는 말일까요. 답을 알고 있는 사람이자 적확한 조언을 할 사람, 쉽게 말해 머리가 좋은 우수한 사람입니다.

'까다로운 소송에 휘말린 정부 관료'의 이야기는 다음과 같이 이어집니다.

한편 고기능 관료는 다른 고기능 관료와 조언을 주고받았다.

우수하고 일 잘하는 사람들은 우수하고 일 잘하는 사람들끼리 상의하며, 우수하지 않은 사람들은 우수하지 않은 사람들끼리 의견을 주고받는 구도가 생겨난다는 것입니다. 이 상황에서 벗어나기 위해서는 우수하고 일 잘하는 사람들의 무리 속으로 들어갈 수 있도록 '배우는 기술'을 필수적으로 익혀야 합니다. 그러나, 이들은 대부분 많은 일을 소화하기 때문에 시간의 여유가 없는 경우가 많습니다. 그러다 보니 위축되는 기분이 들 수 있죠. 이럴 때일수록 더더욱 '잘 배우는 기술'이 필요합니다.

여기에서는 잘 배우는 사람들이 어떻게 질문하는지 살펴보겠습니다.

배우는 기술 ① **한 번에 한 가지 질문만 한다**

"전화 영업과 관련한 첫 번째 질문으로, '담당자를 뚫는 법'을 알고 싶습니다. 우선 이 질문에 대한 답을 부탁드려도 될까요."

이처럼 배움에 능한 사람은 한 번에 하나의 질문만 던집니다. 반대로 배움이 서툰 사람들은 상대방의 편의를 생각하지 않고 여러 질문을 뒤섞어 묻습니다.

"전화로 영업할 때 애로 사항이 있습니다. 담당자에게 전달해도 사장님 선까지 연결이 되질 않아요. 막상 사장님이랑 연결되면 그때 무슨 이야기를 할지는 더 큰 문제고요, 전화를 거는 시간내도 영향이 있겠죠?"

이런 질문을 받으면 어떻게 답을 해야 할지 감이 오지 않습니다. 때에 따라서는 질문을 받는 사람이 일일이 메모를 해야만 하죠. 그러니 상대방에게 '귀찮은 사람이네'라는 평가를 받아도 어쩔 수 없습니다.

배우는 기술 ② **목적을 알린다**

그렇다면 한 번에 한 가지 질문을 할 때 구체적으로 어떤 방법을 써야 할까요? 가장 최악은 '영업이 잘 풀리지 않습니다. 어떻게 해야

일 잘하는 사람의 말은
이렇게 시작합니다

할까요?' 같이 뭉뚱그린 질문입니다.

　이런 두루뭉술한 질문을 통해서는 두루뭉술한 답변밖에 얻을 수 없습니다. 대략적인 질문에 제대로 된 답변을 하려면 질문받은 사람이 질문한 사람에게 되묻는 노력을 기울여야 합니다.

　"영업이 잘 안 풀린다는 말이 무슨 뜻이죠? 최종 단계에서 계약이 불발된다는 건가요?"

　이런 식으로요. 물론 상대방이 '좋은 사람'이라면 질문에 답하겠지만 이런 상황이 반복되면 '번거로운 상대'라고 생각되겠죠. 두루뭉술한 질문을 피하려면 먼저 목적을 밝히세요. "블로그 포스팅은 어떻게 하면 좋을까요?"가 아니라 "블로그의 접속자 수를 늘리고 싶은데 좀처럼 변화가 없네요. 어떻게 포스팅하면 좋을까요?"

　목적을 밝히면 상대방은 질문의 의도를 확인하는 수고를 덜 수 있습니다.

배우는 기술 ③　주제를 나누어 구체적으로 질문한다

　하지만 여전히 두루뭉술한 느낌입니다. 이때, 배움에 능숙한 사람은 질문을 가능한 단순한 주제로 나눕니다.

　"영업을 시작할 때 하는 회사 소개에 관해 묻고 싶은 것이 있습니다."

"영업하다 보면 ○○에 대한 질문을 자주 받는데, 이에 관해 문의 드릴 내용이 있습니다."

이런 식으로요. 2장에서 정리의 중요성에 관해 이야기했는데요. 질문할 때도 마찬가지입니다. 묻고 싶은 내용을 주제에 따라 정리할 필요가 있습니다. 그러면 구체적인 물음을 던질 수 있게 됩니다. 구체적으로 질문하면 상대방도 구체적인 답변을 들려줄 수 있죠.

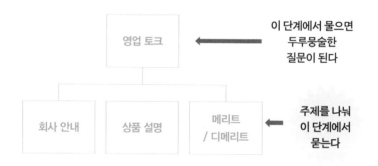

주제를 나누어 구체적으로 질문한다

배우는 기술 ④ **지금껏 한 일들을 상세히 말한다**

자신의 현재 상황을 공유하면 상대방은 쉽게 답변할 수 있습니다. 그러기 위해서는 지금 이 상황이 될 때까지 어떤 과정을 거쳐왔는지 전하는 것이 좋습니다.

A 블로그 접속자 수를 늘리고 싶은데 효율적인 포스팅 방법을
모르겠습니다. 이에 관해 알려 주실 수 있을까요?

B 네, 그러죠.

A 먼저 포스트 작성법을 조사해 봤는데요. 그것만으로 접속자가
증가하진 않을 것 같아 SEO에 대해서도 알아봤습니다. 그 밖
에도 '업로드 빈도'나 '내용의 분량' 등 신경 써야 할 요소들이
여럿 있더라고요.

B 그래서요?

A 그걸 알아보는데 이런 생각이 들더라고요. 나는 접속자 증가
에 대해 무엇을 알아야 하는지 모르고 있구나. 그래서 이 상황
을 정리할 수 있게 도움을 주셨으면 해요.

B 그렇다면 우선, 접속자 증가를 위해 일반적으로 쓰는 방법을
몇 가지 제안해 볼까요?

**답하기 어려운 질문을 던지는 원인은 '자신이 무엇을 모르는지
모르는 것'에 있습니다.** 반대로 질문자가 무엇을 모르는지 명확할
때는 답변하기 쉬운 질문이 가능하죠. 현재의 '잘 모르는 상태'에 이
르기까지의 경위를 말함으로써 '무엇을 모르는지'를 밝혀내면 정확
한 조언을 얻을 수 있습니다. 배울 때도 앞서 언급한 깊게 듣는 기술

을 활용합시다. 만약 상대방에게 시간적 여유가 있다면 궁금한 점을 물은 후 다음과 같은 질문을 덧붙일 수 있겠죠.

"선배님은 신입 시절 어떻게 영업 성적을 올리셨어요?" (행동의 질문)
"만약 선배님이 저라면 어떻게 하시겠어요?" (가정의 질문)

이처럼 배운 내용을 더 깊게 파고들면서 본질에 가까워질 수 있습니다. 잘 배우고, 깊게 듣는다. 10장에서 소개한 '제대로 듣기'에 '깊게 듣기'와 '잘 배우기'라는 두 가지 기술이 더해지면 혹여 말주변이 없다 해도 커뮤니케이션 때문에 힘들어지는 일은 많지 않을 것입니다.

일 잘하는 사람의 말은
이렇게 시작합니다

마지막에 강한 인상을 남긴다: 언어화 사고법

어제 읽었던 인터넷 기사, 기억나시나요? 오늘 아침에 탄 전철에는 어떤 광고가 붙어 있었나요? 지난주 만난 사람과의 대화는 얼마나 기억하고 있나요? 인터넷과 스마트폰의 대두로 정보와 커뮤니케이션의 양이 예전에 비해 현저하게 증가했습니다. 그만큼 인간의 기억에 남는 것이 어려운 시대라 할 수 있죠. 이 책의 마지막 테마는 바로 그런 시대에 사람의 마음에 강렬한 인상을 남기는 '언어화'의 사고법입니다. 이런 사회에서는 '언어화 능력'이 높은 사람이 유리한 위치를 차지한다고 해도 과언이 아닙니다.

- 상품을 판매한다
- 아이디어를 낸다

• 대인관계를 바탕으로 자신이 있을 곳을 마련한다

이 모든 일에서 '언어화 능력'은 주요 요소로 작용하며 일 잘하는 사람들은 이에 탁월한 능력을 보입니다. 지금까지 사고에 깊이를 더하는 방법을 소개했는데요. 마지막으로 언어화를 통해 사고를 심화하는 방법을 전하겠습니다.

왜 전화부터 거는 사람을 싫어할까?

기업인 호리에 다카후미는 전화에 관해 "전화는 백해무익하다. 일하는 도중에 전화가 울리면 그것 때문에 업무가 강제적으로 중단되고 리듬이 깨져 버린다"라고 말했습니다. 전 마이크로소프트 일본법인 대표 나루케 마코토 또한 "호리에 씨의 말에 전적으로 동의한다. 통화할 필요가 없는 용무로 전화가 오면 내 시간을 뺏기는 기분에 화가 난다"고 밝힌 바 있습니다.

일론 머스크도 스케줄대로 업무를 진행하기 위해 전화는 거의 받지 않는다고요. 도대체 이 정도로 전화를 싫어하는 사람들이 있는 이유는 뭘까요? 이는 **타인과의 커뮤니케이션에서 발생하는 코스트**와 관계가 있습니다.

커뮤니케이션 코스트를 의식하라

'우선 전화부터 걸어서'라고 생각하는 사람들이 꽤 있습니다. 바쁜 상사가 외부에서 돌아왔으니… 일단, 상의해 보자! 이렇게 마음먹었던 경험도 있을 테고요. '우선 전화로 얘기하자', '일단 상의부터 하자'라는 마음이 드는 것은 메일 쓰기가 귀찮거나 통화 혹은 말로 하는 편이 빠르다고 생각하기 때문입니다. 메일을 쓰는 일이 꽤 번거롭기는 하죠.

그렇다면 '우선 전화부터 거는 일'은 왜 귀찮지 않을까요? 그것은 **'언어화'라는 커뮤니케이션에서 가장 노력이 필요한 프로세스를, 받는 사람 쪽에 전가할 수 있기 때문입니다.** 전화를 받는 사람은 자신이 하던 일을 멈추고 일단 이야기를 들어야만 합니다. 상대방의 이야기를 잊지 않기 위해 메모를 해야 할 수도 있고 '우선 전화부터 하는 사람들'은 할 말을 제대로 갈무리하지 않은 경우가 많기에 이야기를 정리하며 깊이 있기 듣기 위해서는 질문이 필요해집니다. 상대방이 의견을 구할 때 신속하게 의견을 정리하여 다음과 같이 언어화해야 하죠.

"지금 중요한 점은 이것이니 이렇게 하는 편이 좋지 않을까?"

여기에도 많은 에너지가 듭니다. 일단 상의부터 하자든가, 통화를 하는 편이 빠르다고 느끼는 것은 상대방이 언어화 코스트를 부담하고 있기 때문입니다. 스스로 언어화할 필요가 없는 상황이니 본인은 무척 편하겠죠. 그렇다면 전화부터 하지 않고, 메일로 상의할 경우는 어떨까요? 메일을 보내려면 우선 이야기를 정리하여 언어화해야 합니다. 다시 훑어 보았을 때 읽기 어려운 부분이 있으면 다시 써야 할 수도 있고요. 글로 쓰면 자연적으로 자신의 이야기에 객관성을 부여하고 정리해 다듬는 작업이 이뤄집니다. 그러므로 메일을 쓰는 행위에는 언어를 선별하고 정리해 상대방의 반응을 예상하고 문장을 다듬는 등의 다양한 **커뮤니케이션 코스트**가 포함됩니다. 다시 말해, 언어화 코스트에 포함되는 모든 코스트를 전적으로 말하는 이(메일 작성자)가 부담하게 되죠. '일단 걸고 보는 전화'를 싫어하는 이

말하기 전에 어느 쪽이 언어화 코스트를 지불하는지 의식하자

일 잘하는 사람의 말은
이렇게 시작합니다

유는 눈앞의 업무를 중단한 채, 상대방을 위해 '언어화' 커뮤니케이션에 필요한 막대한 코스트를 부담해야 하기 때문입니다.

물론 긴급한 안건 등 일단 통화부터 하는 것이 차후의 문제를 방지하는 경우도 적지 않고, 연배가 있는 분들은 메일을 불편해할 때도 있기에 어떤 상황에서든 무조건 메일이 최고라는 뜻은 아닙니다. 다만, **커뮤니케이션 코스트를 어느 쪽이 지불하게 되는지 항상 의식하는 자세**만큼은 잊지 않았으면 합니다.

언어화 코스트를 부담하는 입장이 되자

언어화 코스트를 상대방이 지불하게 하는 한 '일 잘하는 사람'으로 인식될 수 없습니다. 상사가 우수하고 자상하다면 미리 상담하는 편이 효율적이겠죠. 하지만 아무 생각 없이 "어떻게 하면 될까요?"라고 물으면 상사에게 고민을 떠넘기고 자신은 생각할 필요가 없는 상황을 만드는 꼴입니다.

반대로, 언어화 코스트를 이쪽에서 부담하면 상대방에게 '서비스 정신이 있네, 일 잘하네'라는 평가를 받을 수 있죠. 최종적인 언어화에 이르지 못하더라도 정리의 단계를 거친 후 상의하는 것만으로도 상대방의 부담은 줄어듭니다. 사실 지금까지 8~11장에서 말씀드린 '사고에 깊이를 더하는 방법'은 언어화로 가는 과정 그 자체라 할 수 있습니다. 10장에서는 '조언하지 말라, 정리하라'는 말을 전했는데, 사실 이야기를 들으며 정리하는 것은 상대방의 언어화 과정의 코스트 일부를 부담하는 것입니다.

언어화란 일반적으로 '사고를 언어로 표현한다'는 의미로 사용됩니다. 카피라이터는 기업이나 상품의 본질적인 과제와 매력을 언어화해, 소비자의 마음을 움직임으로써 대가를 얻습니다. 그런 의미에서 카피라이터는 언어화를 본업으로 삼는 이들이라 할 수 있죠. 다만, 저는 언어화의 의미를 조금 더 넓게 잡고 있습니다. 언어화란 단순히 말로 표현하는 것이 아니라 **전반적인 아웃풋을 의미한다**고 생각하고 있죠.

예를 들면, 건축가. 우수한 건축가는 집을 설계할 때 의뢰인이 고민하는 점과 희망 사항, 어떤 생활을 원하는가 등의 비전을 귀 기울여 들으며 의뢰인의 본질적인 생각을 헤아려 건축물(집)이라는 형태의 아웃풋을 만들어 냅니다. 일본의 대표적인 건축가 구마 겐고는 건축가의 일에 관해 다음과 같이 말합니다.

건축이란 설계도를 그리는 날부터 공사를 마치는 날까지의 몇 년 동안 그 일에 관계된 사람들과 함께 달리고, 만들고, 이야기 나눈 것의 결과물이라 할 수 있다. 결과보다는 그 과정, 몇 년 동안의 시간 그 자체가 건축이라 말해도 과언이 아니다. 그 시간의 충실함이 좋은 건축을 만들어 낸다. 함께 시간을 달리지 않는다면 건축 따위

애초에 의미가 없다. 나는 유스하라 마을에서 이러한 작업 방식을 배웠고 그에 따라 하나하나의 작품을 만들어 왔다. 앞으로도 쭉 그렇게 만들어 가고 싶다.

이처럼 구마 겐고는 건축을 '함께 달리고, 만들고, 이야기 나눈 결과물'이라고 말합니다. 다시 말해, 의뢰인과 커뮤니케이션하는 과정에서 생각을 함께 심화시키고 언어화한 결과로 건축이라는 아웃풋이 있는 것이죠. 디자이너도 마찬가지입니다. 의뢰인이 해결하고 싶어 하는 점, 예를 들면 기업의 매력이 소비자에게 제대로 전달되지 않는 것 같다는 고민을 깊게 파고들어 디자인이라는 아웃풋으로 해결하죠. 유니클로, 라쿠텐, 세븐일레븐 등의 기업, 이마바리 타월 등의 제품, 유치원이나 대학 등의 사회시설에 이르기까지 다양한 영역에서 브랜드 전략을 담당하는 사토 가시와는 저서에서 "넓은 의미의 디자인이란 고안의 기술이 아니라 사고법입니다. 이렇게 이해하면 누구나 디자인 파워를 활용해 좋은 결과를 끌어낼 수 있습니다"라고 말합니다.

건축가든, 디자이너든 우수한 사람들에게 "왜 그런 아웃풋에 도달했는가?"라는 질문을 던지면 그들은 발상의 원점이나 방법론, 사고법에 관해 설명할 줄 압니다. **전문가는 자신의 사고회로를 언어화할 수 있습니다.** 언어화 없이 우연히 좋은 아웃풋을 얻는 경우도 있지만 그런 사람은 그저 '반짝스타'로 여겨져 오래 살아남지 못하죠.

　컨설턴트 역시 그렇습니다. 경영자의 고민을 듣고 본질적인 과제를 찾아내 해결책을 검토합니다. 이 과정에서 몇 번이고 언어화할 필요가 생기죠. 앞서 '고객의 문제 발견과 과제 해결을 돕는 것이 컨설턴트의 업무'라고 말했어야 했다고 이야기했는데요, 클라이언트의 말을 청취하고 문제를 정리한 후 해결해야 할 '과제'로 언어화할 때 비로소 해결을 향해 갈 수 있습니다. 언어화되지 않은 과제는 아무도 과제로 인식하지 않습니다. 언어화되어 과제로 공유될 때, 이윽고 사람들은 해결을 위해 움직입니다.

　이 책의 서두에서 사고의 질이 중요하다고 했습니다. 사고의 질은 언어화의 질을 결정합니다. 언어화의 질은 아웃풋의 질을 결정하죠. 아웃풋의 질이 높으면 사람의 마음을 움직일 수 있습니다. 사람의 마음이 움직이면 행동으로 연결되죠.

　즉, 제대로 생각하는 것은 사람을 움직이게 하는 아웃풋을 탄생시키는 것이라 할 수 있습니다. 임팩트를 남기는 아웃풋을 위해서는 양질의 언어화가 필수적이며 이를 위해 8~11장에서 전해온 방법으로 사고에 깊이를 더할 필요가 있습니다.

일 잘하는 사람의 말은
이렇게 시작합니다

．
．
．

언어화 코스트를 누가 부담하고 있는지 의식하라.

언어화의 질이 아웃풋의 질을 결정한다.

강한 인상을 남기는 '언어화'의 과정

사물과 상황을 다각도에서 객관적 시선으로 파악한다 (8장 객관화 사고법)	구별함으로써 본질을 이해한다 (9장 정리 사고법)
상대방의 이야기를 정확하게 정리하며 듣는다 (10장 경청 사고법)	본인이 언어화하지 못한 부분까지 파고든다 (11장 질문 사고법)

최종적으로 언어화한다

일 잘하는 사람의 말은
이렇게 시작합니다

언어화의 질을 단숨에 높이는 공식

2부에서는 '양질의 아웃풋'을 내는 과정을 이야기했습니다. 양질의 아웃풋은 사람을 움직입니다. 그 양질의 아웃풋에 필요한 것이 바로 언어화였죠. 그렇다면 언어화에도 요령이 있을까요? 5장에서 수많은 '설명의 형식을 외우는 방식'을 부정했는데요. 그것은 형식에 대입해 말함으로써 마치 생각한 듯한 기분에 빠지고 그 결과 오히려 사고에서 멀어지기 때문이었습니다.

그러나 여기에서는 의도적으로 하나의 형식을 소개하겠습니다. **생각하는 노력을 덜어 내는 형식이 아닌, 사고에 깊이를 더해 상대방에게 강한 인상을 남기는 공식입니다.** 갑작스럽지만, 쿠키를 만들어 본 적이 있으신가요? 쿠키의 모양틀을 떠올려 보세요. 별이나 하트 모양의 틀을 반죽 위에 누르는 것만으로 반죽의 모양이 예쁘게 잡혀 그대로 굽기만 하면 쿠키가 완성됩니다. 단, 반죽이 없으면 쿠키의 모양틀을 쓸 수 없죠. 마찬가지로, 생각하지 않고 공식만 적용해 봤자 아무것도 만들어지지 않습니다. 공식은 사고의 생략을 위한 도구가 아니라 보조적 도구일 뿐입니다.

여기서 소개하는 공식은 다음과 같습니다.

○○이/가 아니라 △△다.

다시 정의하라

서드 플레이스(third place). 이것은 스타벅스의 콘셉트를 표현하는 언어로 '집도, 직장도 아닌 제3의 공간을 제공한다'라는 의미입니다. 요즘은 '카페' 하면 편하고 안락한 장소의 이미지가 떠오르지만, 스타벅스가 처음 생겼을 당시만 해도 카페는 단순히 커피를 마시는 곳이라는 인식이 있었습니다. 친구와 커피를 마시는 이미지는 있지만, 편하게 쉬는 공간이라는 느낌은 별로 없었죠. 스타벅스의 전 CEO인 하워드 슐츠는 저서 《스타벅스, 커피 한 잔에 담긴 성공 신화》에서 다음과 같이 말했습니다.

> 고객이 스타벅스에 방문한다는 것은 자신의 손이 닿는 범위 안에서 사치를 맛보고 싶기 때문이다. 그 사치의 기분을 느끼지 못하면 다시는 찾아와 주지 않는다. 우리는 '일 조르날레'를 창업할 때부터 이탈리아 에스프레소 바의 분위기를 재현하는 데 힘썼다. 유럽풍 장식과 현대적 장식을 활용해 밝고 친근한 가게를 만들어 온 것도 이런 이유에서다. 건축가 버니 베이커와 함께 가게의 레이아웃을 고려해 심벌마크와 창가의 스탠딩 바를 배치하고 신문을 걸어두는 랙과 메뉴가 적힌 보드 등을 세팅했다.

다시 말해, 스타벅스가 일본에 론칭할 때의 콘셉트였던 '서드 플레이스'에는 기존의 커피 체인점처럼 '단순히 커피를 마시는 장소'가 아니라 '집이나 직장 사이에 존재하는, 사치스러운 기분을 맛볼 수 있는 장소'라는 의미가 담겨 있습니다. 즉, 카페를 **다시 정의**한 것입니다.

○○이/가 아니라 △△다.

이 형식은 다시 정의함에 따라 탄생되는 아웃풋의 형태인 것입니다.

앞서 소개한, 학창 시절 고기를 통째로 구워 바비큐를 했던 에피소드에서도 바비큐를 고기를 야외에서 굽는 것이 아닌, 통째로 굽는 것으로 다시 정의했더니 사람들이 몰려들었죠. 양질의 아웃풋을 풀어나가다 보면 '재정의'에 도달하는 경우가 많습니다. 전 세계에서 1000만 부 이상이 판매되며 베스트셀러에 오른 《미움받을 용기》의 일본 초판 띠지의 카피는 다음과 같았습니다.

'자유란 타인에게 미움받는 것이다'

'자유'의 의미를 사전에서 찾아보면

자유自由 [명사]: 1. 외부적인 구속이나 무엇에 얽매이지 아니하고 자기 마음대로 할 수 있는 상태

이렇게 나와 있습니다. 일반적인 인식도 사전적 의미와 다르지 않죠.《미움받을 용기》에서는 이런 자유를 '타인에게 미움받는 것'이라고 재정의하고 있는 것입니다. 매니지먼트의 원조인 피터 드러커는 저서《피터 드러커 매니지먼트》에서 기업 매니지먼트의 필요성을 설명하기 위해 '기업이란 무엇인가', '기업의 목적은 무엇인가'와 같이, 언어를 정의하는 것에서부터 논의를 시작합니다. 이 정의가 무척 우아해서 저는 이 문장만 보고 '이 책에는 분명 중요한 내용이 담겨 있을 것이다'라는 확신을 가졌습니다. 한마디로 마음이 움직인 것이죠.

기업이 무엇인지 알기 위해서는 먼저 기업의 목적을 생각해야 한다. 기업의 목적은 각각의 기업, 그 외부에 있다. 기업은 사회 기관이며 그 목적은 사회에 있다. 기업의 목적은 하나로밖에 정의할 수 없다. 바로 고객을 창조하는 일이다.

기업의 목적은 '이익을 내는 것'이라 생각하는 사람이 많은 가운데, 드러커는 기업의 목적은 기업 외부에 있으며 그것은 고객을 창조하는 일이라 재정의했습니다. 이처럼 양질의 아웃풋은 양질의 정

의로부터 탄생하는 것입니다. 그 양질의 정의를 찾아내기 위한 형식이 '○○이/가 아니라 △△다'라는 것이고요.

　중도 채용의 면접관을 맡았을 때의 일입니다. 한 지원자의 이력서에 다음과 같은 내용이 있었습니다.

　[특기 : 오코노미야키 맛있게 굽기]

　면접에서 슬쩍 이 특기에 관해 묻자 그 지원자는 이렇게 답했습니다.

지원자　오코노미야키는 찜 요리입니다.

　이름이 오코노미야키お好み焼き('취향대로 굽는다'는 의미로, '야키'는 우리말로 '구이'라는 뜻이다－옮긴이)인 만큼 지금껏 구이 요리로 인식해왔기 때문에 호기심이 생겨 "무슨 말이죠?" 하고 질문했습니다.

지원자　저는 오사카 출신이라, 오코노미야키를 만들 때 저희 집안 고유의 레시피로 요리합니다. 아마 저뿐 아니라 많은 오사카 사람들이 '우리 집 오코노미야키가 제일 맛있다'라고 자부하고 있을 겁니다. 그런데 어느 날 문득, 오코노미야키 소스인 '오타후쿠 소스' 홈페이지에 실린 레시피를 보았습니다. 거기에서 소개하는 요리 과정에 '뚜껑을 닫고 4분간 찐다'라는 내용이 있더라고요. 지금껏 굽기만 했지, 쪄 본 적은 없었는데, 실제로 해보니 똑같은 재료를 썼는데도 식감이 훨씬 부드럽고 맛있었습니다. 여러분도 오코노미야키를 찜 요리라고 생각하고 요리해보시기 바랍니다.

저는 그 발언에서 지성을 느꼈습니다. 단순히 이 답변 때문만은 아니었지만 다른 면접관들도 '저 친구는 사고력이 있다'라고 판단했고 그 결과 그 지원자는 합격했습니다. 저는 두 가지 포인트에서 그의 지성을 감지했습니다.

- 본인 집안의 레시피로 만드는 오코노미야키가 맛있다는 과도한 확신을 의식하고 자신과 다른 의견을 조사할 줄 안다 (객관화 사고법)
- 오코노미야키를 '찜 요리'로 재정의하고 임팩트를 남겼다 (언어화 사고법)

실제로 면접이 끝난 후에도 '오코노미야키는 찜 요리입니다'라는 말이 자꾸만 머릿속에 맴돌아 집에서 가족들에게 만들어 주니 아내와 아이들 모두 크게 칭찬하더군요. '오코노미야키는 구이 요리가 아니라 찜 요리다'라는 그의 아웃풋이 제 마음을 움직인 것이죠. 앞에서도 설명했듯 테마의 종류로 이야기의 얕고 깊음이 정해지는 것

일 잘하는 사람의 말은
이렇게 시작합니다

이 아닙니다. 익숙하고 친밀한 대상에 관해서도 얼마든지 깊게 생각할 수 있습니다. 여러분도 꼭 친숙한 말들을 재정의해 보셨으면 하는데요. 갑자기 '○○이/가 아니라 △△다'의 형식으로 생각하려 하니 쉽지 않다고 느끼는 분도 많을 것입니다.

누구나 양질의 아웃풋을 낼 수 있는 절차

그럼 이쯤에서, 누구나 재정의할 수 있는 절차를 소개하겠습니다. 우선, 좋은 ○○, 나쁜 ○○을/를 생각해 봅시다. 카페를 예로 든다면 어떤 카페가 좋은 카페 혹은 나쁜 카페일까요? 자기 취향의 카페, 마음에 안 드는 카페로 치환해도 좋습니다. 난 계속 머물고 싶은 카페가 좋더라, 또 가고 싶어지는 카페. 반대로 커피가 맛있어도 왠지 긴장하게 되는, 마음이 불편한 카페는 싫어. 이런 식으로요. 이렇게 하다 보면 다음과 같은 콘셉트가 떠오를지 모릅니다.

'커피가 맛있는 카페가 아니라, 분위기가 맛있는 카페'

좋은 광고, 나쁜 광고는? 좋은 책과 나쁜 책은? 좋은 식사, 나쁜 식사는? 좋은 접객, 나쁜 접객은? 이 방법은 아이디어 회의나 브레인스토밍에도 활용할 수 있습니다. 예를 들어, 회의에서 자사 SNS

계정 운영 방식을 논의하는데 좀처럼 좋은 안이 떠오르지 않는 상황이라고 합시다. 그럴 때 참가자에게 '좋아하는 기업의 계정과 싫어하는 기업의 계정을 말해 보세요'라고 제안해 보세요. 그다음 좋은 계정과 나쁜 계정이 무엇인지, 머리를 맞대고 재정의해 보는 것이죠. 회의나 토론이 풀리지 않을 때 꼭 한번 시도해 보세요.

늘 '대박이야'라고 표현하는 당신에게

일본에는 '고나미칸小並感'이라는 속어가 있습니다. '초등학생 수준의 감상'이라는 표현의 줄임말로 '끝내준다!', '재미있어!', '대박이야'처럼 초등학생이나 말할 법한 감상밖에 말하지 못하는 상태를 뜻합니다. 하지만 막상 생각해 보면 깊이 감동했던 영화에 대해 '재미있었어!', '눈물 나!'라는 감상만 뱉어낸 경험이 적지 않을 것입니다. 그렇다면 대체 어떻게 해야 초등학생 수준의 감상에서 벗어날 수 있을까요.

고도의 언어화 능력은 하룻밤에 몸에 익힐 수 있는 것이 아닙니다. 그렇다고 일부 천재들만이 가진 재능이나 센스도 아니죠. 사실 '언어화'는 마치 인사처럼, 본질적으로 '습관'에 의존하는 능력입니다.

일 잘하는 사람의 말은
이렇게 시작합니다

아침에 같은 건물에 사는 이웃과 마주쳤을 때, 비록 모르는 사이라 해도 "안녕하세요"라고 인사하는 것이 좋다는 사실을 모두가 알고 있습니다. 하지만 실제로는 "안녕하세요"라고 자연스럽게 인사할 수 있는 사람과 그렇지 못한 사람이 있습니다. 자연스럽게 인사할 수 있는 것은 인사하는 습관이 되어 있기 때문입니다. 또한 이 습관은 과거에 이런 습관을 들이기 위한 실천을 거듭해 온 결과죠. 인사는 대부분, 어린 시절 부모님에게 '아는 사람을 만나면 인사해야지'라는 교육을 받으면서 실천을 반복해 습관화됩니다.

이와 마찬가지로 언어화 역시 실천을 반복함으로써 점점 몸에 익어 습관화됩니다. 그러나 언어화를 습관으로 만드는 실천 방법을 배울 기회는 별로 없죠. 그럼, 마지막으로 언어화를 습관으로 만드는 방법을 소개하겠습니다.

언어화 습관 ① '네이밍'에 대해 집중적으로 탐구하라

'이름을 짓는 것'은 가장 필수적인 언어화 능력입니다. '마이 붐マイブーム(푹 빠졌다는 의미로 쓰는 일본식 신조어 - 옮긴이)', '유루캬라緩キャラ(느슨한 분위기의 캐릭터를 뜻하는 일본식 신조어 - 옮긴이)' 등의 독자적인 유행어를 만든 미우라 준은 저서에서 다음과 같이 서술했습니다.

최근 몇 년간 신드롬을 이어가고 있는 '유루캬라'도 제가 이름 붙이고 카테고리를 나누기 전에는 원래 '없던' 것이었죠. '유루캬라'라고 이름 붙이고 나니 마치 그런 세계가 존재하는 것처럼 보이기 시작했습니다. 통일성 없는 각 지역의 마스코트가 그 이름 아래에서 하나의 장르가 되어 앞서 언급한 애수, 따분함, 과함, 애향심까지 한데 어우러지게 표현할 수 있었죠.

미우라 준이 '유루캬라'라고 이름 지음으로써 모두가 이를 인식하게 되었고 하나의 산업이 만들어졌습니다. 네이밍에 의해 사람의 행동이 변화한 것이죠. 무라카미 하루키의 소설 《색채가 없는 다자키 쓰쿠루와 그가 순례를 떠난 해》에 '르 말 뒤 페이'라는 말이 나옵니다. 이 말에 대해 등장인물은 이렇게 설명합니다.

프랑스어예요. 일반적으로는 향수나 멜랑콜리라는 의미로 사용되지만 좀 더 자세히 말하자면 '전원 풍경이 사람의 마음에 불러일으키는 영문 모를 슬픔'. 정확히 번역하기가 어려운 말이에요.

생각해 보면 저도 예전부터 전철 차창으로 전원 풍경을 볼 때마다 애수를 느끼곤 했습니다. 하지만 저는 그런 전원 풍경에 둘러싸여 자란 사람이 아니기 때문에 '향수'는 아니었죠. 그야말로 '르 말 뒤 페이'라고밖에 말할 수 없습니다. 이 문장을 읽은 후 처음으로 이 애수의 감각을 다른 이들에게 물을 수 있게 되었습니다. "이런 느낌

받은 적 없어? '르 말 뒤 페이'라고 한다던데…"라고요.

인간은 이름 없는 대상에 관해 깊이 생각하지 못합니다. 반대로 이름을 지으면 이를 토대로 새로운 개념에 대해 고찰할 수 있죠. '능력 있는 자들은 우선 고찰 대상의 정의를 생각한다. 그리고 그 정의에 이름을 붙인다. 그러면 다른 사람도 그 개념에 대해 사고할 수 있게 된다.' 이런 식으로 **네이밍은 사고의 출발점**이 되는 것입니다. 언어화 능력을 향상하는 가장 빠른 길은 이름 없는 대상에 이름을 붙이고 그 이름 짓기에 대해 집중적으로 탐구하는 것이라 해도 과언이 아닙니다.

저는 컨설턴트로 일하며 네이밍에 대한 집중적 탐구의 중요성을 실감했습니다. 어느 날 상사가 '중소기업을 대상으로 한 컨설팅 프로젝트'에 이름을 붙이고 싶다고 이야기했습니다.

중소기업은 대기업에 비해 리소스가 적으므로 일반적인 컨설팅 절차 즉, 면밀 조사를 거쳐 보고서를 작성해 제안하고 승인받아 팀을 편성한 후 계획을 세워 실행한다는 정석이 통하지 않는 경우도 많습니다. 더욱 빨리, 보다 간단하게 효과를 내는 컨설팅 수법이 필요해집니다.

이러한 연유로 한 조직의 장이 다음과 같은 캐치프레이즈를 만들었습니다.

'간단한 실행, 탁월한 효과, 편리한 지속을 위한 심플한 장치의 도입'

촌스럽다고 생각하는 사람도 있을지 모릅니다. 솔직히 저도 처음에는 그렇게 생각했습니다.

하지만 놀랍게도 그것은 무척 뛰어난 '언어화'였고, 이 캐치프레이즈는 중소기업의 경영진들에게 크게 환영받았습니다. 무엇보다이해하기 쉽고 리듬감도 좋아 기억하기 편했죠. 만약 이 문장이 '중소기업을 위한 컨설팅 – 단기간에 도입 가능한 높은 가성비의 저비용 운영'처럼 흔하고 설명적인 표현들로만 이뤄져 있었다면 그 정도의 임팩트는 없었을 테고, 설명도 간단하지 않았을 것입니다.

사소한 대상일지라도 네이밍을 집중적으로 탐구하면 언어화 능력을 기를 수 있습니다. "다음 달에는 커뮤니케이션을 늘리자!"라는 말 대신 "다음 달을 '캐치볼의 달'로 만듭시다! 활발하게 대화를 나눈 사람에게는 점심을 대접하겠습니다"라고 말해 봅시다. "다음 달부터 다이어트 시작해야지"라고 하기보다 "다음 달은 위장을 적극적으로 쉬게 하는 기간으로 삼겠습니다"라고 SNS에 선언해 보는 것이죠. 작은 일이라도 좋으니 이름을 붙이면 언어화 습관을 체화할수 있습니다.

언어화 습관 ② '헐', '대박', '미쳤다' 같은 표현을 쓰지 않는다

어휘력을 기르는 일은 언어화 능력 향상에 크게 기여합니다. 아는 어휘가 많으면 표현의 폭이 넓어지고, 말로 풀어낼 수 없었던 내용들도 말로 풀어낼 가능성이 높아집니다. 그러므로 어휘를 늘리는 습관은 곧 언어화 능력을 단련하는 습관이라 할 수 있죠. 다만 수험생이 영어 단어를 외우듯 단어장을 써가며 어휘를 암기하는 것은 그다지 좋은 방법이 아닙니다.

언어화 능력을 높이는 데는 '헐', '대박', '미쳤다'처럼 '어휘를 빈약하게 만드는 안이한 표현'을 사용하지 않도록 하는 습관이 효과적입니다. 당장 내일부터 '대박', '미쳤다', '끝내준다' 같은 말을 쓰지 않도록 노력해 봅시다. 어떤 감동이든 이런 말로 대체할 수는 있겠지요. 하지만 맛있는 음식을 먹고 '입맛에 딱 맞는다' 같은 표현을 써도 아무 문제 없으니까요. '안이한 말들을 쓰지 않으려면 어떻게 표현해야 할까?' 같은 생각을 하다 보면 뇌의 사고 스위치가 켜질 것입니다.

언어화 습관 ③ 독서 노트, 노하우 메모를 만든다

고전적인 방법이지만 어휘력을 기르는 데 효과가 좋은 것은 바로 독서입니다. 단, 책을 읽는 것만으로는 언어화 능력이 향상되지 않습니다. 인풋을 아무리 늘려도 아웃풋이 없으면 언어화 능력은 좋아지지 않으니까요.

추천하는 방법은 '독서 노트' 만들기입니다. 디지털이든 아날로 그든 상관없습니다. 책을 읽은 후 내용을 요약하여 메모해 봅시다. 다음의 표 1은 제가 미하이 칙센트미하이의 '몰입 이론'에 관한 저서를 읽을 때 작성한 독서 노트의 일부입니다. 소설의 경우 줄거리를 간단히 정리해 둡니다. 포인트는 요약한 내용을 적은 후 소감(감상)을 쓰는 것입니다. 물론 '재미있었다' 같은 표현은 최대한 피하고 본인의 경험과 책의 내용을 연관 짓는 감각으로 느낀 점, 도움이 될 만한 부분 등을 메모해 나갑니다.

제가 처음 입사했을 때 컨설팅 회사에서 권장한 방법으로 그로부터 20여 년이 흐른 지금까지 꾸준히 이어가고 있는, 언어화 능력 향상에 가장 큰 도움을 준 방법입니다. 독서를 통해 얻은 식견은 우리가 생각하는 것보다 모호하게 기억되는데, 정리를 통한 언어화를 거치면 명확해지기 때문입니다.

또한 '○○ 노하우 메모'를 만드는 것도 유용합니다. ○○ 속에는 무엇이든 넣을 수 있습니다. 업무, 자신의 취미에 관련된 것, 아웃도어 레저나 게임, 악기 연주 등도 좋겠죠.

219쪽의 표 2는 제가 컨설팅 회사에 입사했을 때 지도를 맡은 선배에게 배운 것을 '언어화'한 컨설팅 노하우 메모에서 발췌한 것입니다. 지금도 여전히 업데이트 중인 파일인데 컨설팅이라는 업무를 하는 동안

《몰입, Flow》

인간은 어떨 때 생기 넘치는가?

- -

① 달성할 수 있을 것 같은 과제에 몰두할 때

② 자신이 하는 일에 집중할 때

③ 집중의 조건: 작업에 명확한 목표가 있을 것

④ 집중의 조건: 직접적인 피드백이 있을 것

⑤ 일상생활 속 걱정과 욕구불만을 의식에서 걷어내고 깊이
  있으면서도 무리하지 않는 몰입상태로 행동할 때

⑥ 자신의 행위를 통제하고 있다는 감각을 동반할 때

⑦ 스스로에 대한 의식은 소실되지만 플로우 체험 후 '자기 감
  각'은 더욱 강하게 드러남

⑧ 시간이 흐르는 감각이 변화함

※ 소감: 게임은 재미있고 일은 지겹다고 느끼는 사람이 많은 것은
  사원들의 업무가 최적의 체험이 될 수 있도록 충분히 고려되지 않
  았기 때문. 게임은 유저가 플로우 체험을 할 수 있도록 주의를 기
  울여 만들지만, 경영자는 고객에게 관심을 쏟느라 직원들에게까
  지는 의식이 미치지 않는다. 직원 만족의 중심에 플로우 체험을 심
  는 것은 장기적으로 보면 고객을 위한 일이 아닐까. 직원들에게
  '업무를 마케팅하자'라고 제안해 보는 것도 좋겠다.

표 1. 독서 노트 예시

'상사는 어떻게 말했는가'

'나는 어떻게 해석했는가'

'성공한 이유는 무엇인가'

'어떻게 하면 더욱 좋아질 것인가'

등을 남김없이 메모한 것으로, 현재 제가 쓰는 기사들의 소재로도 적극 활용하고 있습니다. 저의 추천은 '배운 점 열 가지', '중요 포인트 다섯 가지'처럼 포맷을 정하는 것입니다. 10장에서 '일 잘하는 사람은 타인의 이야기를 들을 때 상대방에게 배우겠다는 자세로 듣는다'라는 말을 했는데요. 이처럼 포맷을 정해 노하우 메모를 적는 버릇을 들이면 자연스럽게 상대방에게 배우는 것을 의식하며 들을 수 있게 됩니다. '부하 직원에게 배운 다섯 가지', '육아에서 중요한 열 가지' 등 무엇이든 좋습니다. 이처럼 사고하는 버릇이 생기면 때로는 괴로운 경험도 노하우 메모의 소재라고 생각할 수 있게 되죠. 또한 이를 SNS 등에 공유하거나 후배에게 전해 주면 자신의 경험이 다른 사람에게 도움을 줄 수도 있습니다.

어쨌든 중요한 점은 책을 읽은 후 '재미있었다'라는 감상으로 끝내지 않고 자신의 언어로 정리하는 것입니다. 업무에서 배운 점도 마찬가지입니다. 마음이 움직이면 일단 메모부터 하는 습관을 들입시다.

직장 선배에게 배운 열 가지

- - - - - - - - - - - - - - - - - - - -

① 제안보다 공감이 중요하다.

② 정말로 가치 있는 것은 100퍼센트의 찬성을 얻을 수 없다.

③ 과제는 듣는 것이 아니라 알아내는 것. 알아내려면 경험과 지식이 필요하다.

④ 인간은 생각만큼 빨리 자라지 않는다. 사람들은 쉽게 손에 넣은 것에 중점을 두지 않는다.

⑤ 작은 상품으로 고객과의 접촉 빈도를 높인다.

⑥ 항상 계속적이고 안정적인 수입을 만들 방법을 모색한다. 영업이 필요 없도록 한다.

⑦ 매입 과목은 결산 시 이월 상품으로 한다.

⑧ 리스크관리는 경험이 가장 중요한 영역이다.

⑨ 지적인 놀라움을 만들어 내는 것이 중요하다.

⑩ 풍요로움과 성공에 따른 비용은 의외로 크다.

표 2. 노하우 메모의 예

'지성'과 '신뢰'를 동시에 얻는 5가지 사고법

1. 객관화

이야기에 깊이가 없는 사람의 특징

① 근거가 빈약하다. ➡ [이야기]에 [깊이]를 더하라!

- [확증 편향]과 [사후 확신 편향]을 의식한다.

- [반대 의견]과 [통계 데이터]를 찾아본다.

② 언어에 둔감하다. ➡ [사고의 해상도]를 높여라!

- '문제'와 '과제'처럼 닮은 듯 다른 [언어의 정의]를 조사해 차이를 파악한다.

- 업무 중 자주 사용하는 [말의 정의]를 생각한다.

③ 경위를 모른다. ➡ [경위]를 파악하라!

- [어원]을 찾아본다.

- 그 말이 [어디에서 퍼졌는지] 확인한다.

2. 정리

이야기를 정리하는 요령

① 결론 부터 말한다.

- 이 안건의 결론 이 무엇인지 묻는다.

- 결론이란 상대방 이 가장 듣고 싶어 하는 것

- 상대방의 '듣기 스위치' 를 켜라.

② 사실과 의견을 구별 한다.

- 반사적으로 답하지 말고 말하기 전 에 내용 을 확인한다.

- 증명할 수 있는 사실 인가, 스스로 판단한 의견 인가?

- 의견 을 사실 처럼 말하지 않는다.

3. 경청

제대로 듣기 위한 5가지 태도

① 긍정 도 부정 도 하지 않는다.

② 상대방을 평가 하지 않는다.

③ 함부로 의견 을 말하지 않는다.

④ [대화] 가 끊기면 침묵한다.

⑤ [호기심] 을 총동원한다.

---

4. 질문

본질을 파악하는 질문 기술

도입 질문 ① **과거의 [행동] 에 관한 질문**

• 곤란한 상황을 맞닥뜨렸을 때 어떻게 대응했는가?

도입 질문 ② **가정된 상황에서의 [판단] 에 근거한 질문**

• 만약~ 상황이라면 어떻게 대응하겠는가?

심화 질문 ① [상황] **에 관한 질문**

• 당시의 상황을 구체적으로 설명하라.

심화 질문 ② [행동] **에 관한 질문**

• 그 상황에서 어떤 구체적인 행동을 했는가?

심화 질문 ③ [결과] **에 관한 질문**

• 그렇게 행동한 결과 어떤 변화가 있었는가?

---

5. 언어화

언어화 능력을 높이는 습관
- -

① [네이밍] 을 집중적으로 탐구하라.

② '대박', '미쳤다', '끝내준다' 같은 표현을 [쓰지 않는다.]

③ [독서 노트] 와 [노하우 메모] 를 작성한다.

- 커뮤니케이션에 드는 가장 큰 코스트는 ['언어화 코스트'] 다.

- [언어화의 질] 이 아웃풋의 질을 결정한다.

- [재정의] 하라.

도야마 시게히코의 베스트셀러 《사고 정리학》에는 이런 구절이 나옵니다.

우리는 꽃을 볼뿐, 가지와 잎을 보지 않는다. 설령 가지와 잎을 본다 한들 줄기에는 눈을 돌리지 않는다. 하물며 뿌리의 존재는 생각조차 하지 않는다. 그저 꽃이라는 결과에 시선을 빼앗겨 근간까지 생각이 미치지 못한다.

듣자 하니, 식물은 땅 위에 드러나는 부분과 땅속에 숨겨진 뿌리가 거의 똑같은 모양으로 대칭을 이룬다고 한다. 꽃이 피는 것도 땅속에 커다란 조직이 있기 때문이다.

지식 또한 인간이라는 식물이 피워낸 꽃이다. 아름답다는 이유로 꽃을 따서 꽃병에 담아 두면 금세 시들고 만다. 꽃이 진정 내 것이 되지 않았다는 사실은 이것만 봐도 알 수 있다.

이 책에서 소개한 일곱 가지 황금 법칙과 다섯 가지 사고법은 말하자면 지성이라는 꽃을 피우기 위한 것으로 황금 법칙은 '뿌리', 사고법은 '줄기'라 할 수 있습니다. 지성의 뿌리와 줄기인 이 두 가지를 실천하면 누구나 '일 잘하는 사람'이 될 수 있다는 것에는 틀림이 없습니다. 마지막으로 말하고 싶은 점은 일 잘하는 사람이 되는 일보다 계속해서 일 잘하는 사람으로 지내는 것이 어렵다는 사실입니다.

컨설턴트로 일하며 매일 사장님들의 고민을 듣다 보니 어느 날, 사장님의 이야기를 살짝 듣는 것만으로도 그가 무엇을 고민하는지 알게 되는 순간이 오더군요. 텔레비전 프로그램에서 점술사가 연예인과 잠깐의 대화만 나누고 "당신은 지금 이런 고민을 하고 있군요"라고 꿰뚫으면 연예인이 "어머, 어떻게 아셨어요? 놀라워요!" 하고 경악하는 장면, 본 적 있으시죠? 바로 그런 상황인 셈이죠. 이처럼 '하나를 들으면 열을 안다'의 상태가 되는 것은 컨설턴트에겐 그리 드문 일이 아닙니다. 하지만 개중에는 그 단계에서 모든 걸 알게 된 듯한 기분에 취해 오만해지는 바람에 성장을 멈추는 컨설턴트도 적지 않습니다.

'알 것 같은 기분이 들 때가 가장 위험하다.' 이것이 22년 동안 컨설턴트로 살며 내린 또 하나의 결론입니다. 알 것 같은 기분이 들수록 더욱 정중하게 커뮤니케이션하도록 신경 써야 합니다. 이것이야말로 진정으로 일 잘하는 사람, 지적이며 겸허한 사람의 태도죠. 부디 여러분도 '머리가 좋아졌네'라고 느낄 때일수록 다시금 황금 법칙을 되새기며 '제대로 생각했는가?' 하고 자문해 보셨으면 합니다.

이 책은 제가 컨설턴트로서 얻은 식견을 누구나 어떤 업종, 어떤 시대에서든 활용할 수 있도록 프로그래밍한 책입니다. 하지만 이 책에는 비즈니스 현장뿐 아니라 "어떤 옷이 더 나아?"라는 질문을 받았을 때의 대응법이나 소개팅하는 남녀의 대화 등 사적인 상황에도 도움이 될 만한 예를 많이 실었습니다. 그것은 '친숙하고 가까운 사람일수록 더욱 정중한 태도로 신경 써 줬으면' 하는 저의 바람에서 비롯된 것이죠.

사실 저는 16년 전에 전 부인을 병으로 잃었습니다. 당시는 컨설턴트로 가장 바쁘게 활동하던 때라, 긴밀한 협조를 나눴다고는 할 수 없는 시기였죠. 지금도 후회로 남아 있는 일입니다. 정말로 일 잘하는 사람은 내 사람을 소중하게 대할 줄 압니다. 경영자들도 그런 사람일수록 주위의 존경을 받습니다. 소중한 사람을 소중하게 대할 수 있도록 정중하고 지적인 커뮤니케이션에 주의를 기울여 주시기 바랍니다.

마지막으로, 제게 일을 맡겨 주신 클라이언트 여러분, 저의 서툰 실력에도 인내심을 가지고 지켜봐 주셔서 감사합니다. 회사에서 제게 컨설팅을 가르쳐 주신 시라가타 도시로 씨 감사했습니다. 제가 익힌 커뮤니케이션 기술의 대부분은 당신의 가르침에서 비롯된 것입니다.

귀중한 통찰력으로 이 책의 기획에 힘써주신 우메다 사토시 씨, 본업을 뒷받침해 주신 구라마시 교헤이 씨, 모모노 야스노리 씨, 공동창업자 나라하라 가즈오 씨, 여러분의 협력이 없었다면 이 책은 완성되지 못했을 거예요. 〈Books & Apps〉에 오랫동안 기고해 주고 계신 다카스카 씨, 신자키 씨, 구마시로 도루 씨, 아마미야 시온 씨, 후지폰 씨, 파토 씨, 골드헤드 씨, 항상 귀한 영감을 주심에 진심으로 감사드립니다.

그리고 담당 편집자 아와지 유스케 씨, 아와지 씨의 힘이 없었다면 이 책은 태어날 수 없었을 거예요. 훌륭한 편집이란 무엇인지 조금이나마 엿본 것 같은 기분입니다. 마지막으로 아내 미호, 고마워요. 가족에 대한 걱정 없이 집필할 수 있었던 것은 당신 덕분입니다.

1부

|1장| 머리가 나빠지는 순간, 머리가 좋아지는 시간

- 뇌 과학을 바탕으로 '분노'의 메커니즘을 파헤친다 – 욱할 때 6초만 참으면 화가 가라 앉는 이유(脳科学から'怒り'のメカニズムに迫る! カチンと来ても6秒待つと怒りが 鎮まるワケ) (닛케이 Gooday, 2016) gooday.nikkei.co.jp/atcl/report/16/ 070700034/071400003/
- 비트 다케시 폭력단과의 교제를 모두 밝힌다(ビートたけし暴力団との交際」すべて 語った) (월간문춘, 2011)
- 《비합리성의 심리학: 우리는 왜 어처구니없는 실수를 반복하는가》 (스튜어트 서덜랜 드, 이세진 역, 교양인, 2014)
- 《생각에 관한 생각: 우리의 행동을 지배하는 생각의 반란》 (대니얼 카너먼, 이창신 역, 김영사, 2018)
- 《앵거 매니지먼트(アンガーマネジメント)》 (도다 구미, 닛케이분코, 2020)

|2장| 일 잘하는 것을 결정하는 이는 누구인가?

- 《인류 진화의 무기, 친화력: 협력을 통해 무리에서 사회로 도약한 이야기》 (윌리엄 폰 히펠, 김정아 역, 한국경제신문, 2021)

일 잘하는 사람의 말은
이렇게 시작합니다

- 《피터 드러커 매니지먼트》(피터 드러커, 남상진 역, 청림출판, 2007)
- 《피터 드러커 자기경영노트》(피터 드러커, 조영덕 역, 한국경제신문, 2020)
- 《SQ 사회지능》(대니얼 골먼, 장석훈 역, 현대경제연구원 감수, 웅진지식하우스, 2006)

|5장| 말만 그럴듯하게 하지 마라

- 《광고 카피, 이렇게 쓴다! 독본(広告コピーってこう書くんだ! 読本)》(다니야마 마사카즈, 선언회의, 2007)
- 〈선언회의 2019년 9월호〉(선언회의, 2019)

|7장| 인정 욕구를 제어하는 자가 커뮤니케이션의 강자가 된다

- 《다나카 가쿠에이 쇼와의 빛과 어둠(田中角栄 昭和の光と闇)》(핫토리 류지, 고단샤 겐다이신쇼, 2016)
- 《돈보다는 명예의 모티베이션론 '승인 욕구'를 자극해 사람을 움직인다(お金より名誉のモチベーション論 <承認欲求>を刺激して人を動かす)》(오타 하지메, 도요케이자이신포샤, 2007)

2부

|8장| 멍청한 화법부터 버려라: 객관화 사고법

- 《바이어스란 무엇인가(バイアスとは何か)》(후지타 마사히로, 지쿠마신쇼, 2021)
- 《신 개정판 타모리의 도쿄 언덕길 미학 입문(新訂版 タモリのTOKYO坂道美学入門)》(타모리, 고단샤, 2011)
- 《정보를 올바르게 선택하기 위한 인지 편향 사전(情報を正しく選択するための認知バイアス事典)》(정보문화연구소, 다카하시 쇼이치로 감수, 포레스트출판, 2022)
- 《조사의 기술: 국회도서관 비전의 레퍼런스 팁(調べる技術 国会図書館秘伝のレファレンス・チップス)》(고바야시 마사키, 고세샤, 2022)

- 종신고용제도는 언제부터 있었는가?(終身雇用制はいつからあるの?) (국립공문서 관 아시아역사자료센터) www.jacar.go.jp/english/glossary_en/tochikiko-henten/qa/qa22.html
- 《피터 드러커 자기경영노트》 (피터 드러커, 조영덕 역, 한국경제신문, 2020)
- 《하이 아웃풋 매니지먼트》 (앤드류 그로브, 유정식 역, 청림출판, 2018)
- 《Oxford Advanced Learner's Dictionary, 10 Revised edition》 (Oxford University Press, 2020)

|9장| **그 사람의 말을 이해하기 쉬운 이유: 정리 사고법**

- 《구글의 아침은 자유가 시작된다: 구글 인사 책임자가 직접 공개하는 인재 등용의 비밀》 (라즐로 복, 이경식 역, 유정식 감수, 알에이치코리아, 2021)
- 《사고·논리·분석 - '바르게 생각하고 바르게 아는 것'의 이론과 실천(思考·論理·分析—「正しく考え、正しく分かること」の理論と実践)》 (하토 료, 산교노리쓰대학 출판부, 2004)
- 《생각에 관한 생각: 우리의 행동을 지배하는 생각의 반란 》 (대니얼 카너먼, 이창신 역, 김영사, 2018)
- 《'안다는 것'은 무엇인가 - 인식의 뇌 과학(「わかる」とはどういうことか—認識の 脳科学)》 (아마도리 아쓰시, 지쿠마신쇼, 2002)
- 《이 골동품이 당신입니다(この骨董が、アナタです)》 (나카하타 다카시, 고단샤분코, 2020)
- 《이과의 작문 기술(理科系の作文技術)》 (기노시타 고레오, 츄코신쇼, 1981)
- 《General Intelligence Test & Mental Ability Test》 (Rph Editorial Board, Ramesh Publishing House, 2020)
- 《정보를 올바르게 선택하기 위한 인지 편향 사전(情報を正しく選択するための認知 バイアス事典)》 (정보문화연구소, 다카하시 쇼이치로 감수, 포레스트출판, 2022)

|11장| **깊게 듣는 기술과 배우는 기술: 질문 사고법**

- 《구글의 아침은 자유가 시작된다: 구글 인사 책임자가 직접 공개하는 인재 등용의 비밀》 (라즐로 복, 이경식 역, 유정식 감수, 알에이치코리아, 2021)

- U.S. Office of Personnel Management (OPM) www.opm.gov/policy-data-oversight/assessment-and-selection/structured-interviews/
- 《야성적 충동: 인간의 비이성적 심리가 경제에 미치는 영향》(로버트 J. 실러 · 조지 애커로프, 김태훈 역, 장보형 감수, 랜덤하우스코리아, 2009)

|12장| 마지막에 강한 인상을 남긴다: 언어화 사고법

- 《미움받을 용기》(기시미 이치로 · 고가 후미타케, 전경아 역, 김정운 감수, 인플루엔셜, 2014)
- 《사람의 거처 1964~2020(ひとの住処 1964~2020)》(구마 겐고, 신쵸신쇼, 2020)
- 《색채가 없는 다자키 쓰쿠루와 그가 순례를 떠난 해》(무라카미 하루키, 양억관 역, 민음사, 2013)
- 《세상이 바뀌는 '시점'의 발견법 – 미지의 영역의 디자인 전략(世界が変わる「視点」の見つけ方 未踏領域のデザイン戦略)》(사토 가시와, 슈에이샤신쇼, 2019)
- 《스타벅스, 커피 한 잔에 담긴 성공신화》(하워드 슐츠 · 도리 존스, 홍순명 역, 김영사, 2022)
- 《신명해 국어사전 제8판(新明解国語辞典 第八版 青版)》(산세이도, 2020)
- 《피터 드러커 매니지먼트》(피터 드러커, 남상진 역, 청림출판, 2007)

맺음말

- 《사고 정리학: 뒤죽박죽된 머릿속부터 청소하라!》(도야마 시게히코, 양윤옥 역, 뜨인돌, 2009)

일 잘하는 사람의 말은
이렇게 시작합니다

1판 1쇄 인쇄 2024년 4월 8일
1판 1쇄 발행 2024년 4월 25일

지은이 아다치 유야
옮긴이 황국영

발행인 양원석 **편집장** 김건희 **책임편집** 서수빈
디자인 강소정, 김미선 **영업마케팅** 조아라, 이지원, 한혜원, 정다은, 박윤하

펴낸 곳 ㈜알에이치코리아
주소 서울시 금천구 가산디지털2로 53, 20층 (가산동, 한라시그마밸리)
편집문의 02-6443-8903 **도서문의** 02-6443-8800
홈페이지 http://rhk.co.kr
등록 2004년 1월 15일 제2-3726호

ISBN 978-89-255-7512-4 (03190)